RÖVIDÜLŐ JÖVŐ

THE SHORTENING FUTURE

ANTI AGING

AKI KÍVÁNCSI, SOSEM ÖREGSZIK MEG.

CURIOUS MINDS NEVER DIE

Bódi Kinga – Bodor Kata

RÖVIDÜLŐ JÖVŐ

MODERN ÉS KORTÁRS ALKOTÓK KÉSEI KORSZAKAI

Kinga Bódi and Kata Bodor

THE SHORTENING FUTURE

LATE-PERIOD WORKS BY MODERN AND CONTEMPORARY ARTISTS

Rajzok és sokszorosított grafikák
a Szépművészeti Múzeum
gyűjteményéből

Drawings and Prints
from the Collection
of the Museum of Fine Arts

Szépművészeti Múzeum, Budapest
Museum of Fine Arts, Budapest
2025

"As the future gets shorter, the past becomes longer"
(Jeremy Lewison: *In the Antechamber of Death. Picasso's Later Paintings*)

Géza Perneczky

additionally

Camille Corot
Gaston Eychenne
Francisco de Goya
Édouard Manet
Knox Martin
Joan Miró
Pablo Picasso
Judit Reigl
Gerhard Richter
Auguste Rodin
Egon Schiele
Henri de Toulouse-Lautrec
Vincent van Gogh
James McNeill Whistler

„Ahogy a jövő egyre rövidebb, úgy a múlt egyre hosszabb lesz”

(Jeremy Lewison: *In the Antechamber of Death. Picasso’s Later Paintings*)

Perneczky Géza

valamint

Camille Corot
Gaston Eychenne
Francisco de Goya
Édouard Manet
Knox Martin
Joan Miró
Pablo Picasso
Reigl Judit
Gerhard Richter
Auguste Rodin
Egon Schiele
Henri de Toulouse-Lautrec
Vincent van Gogh
James McNeill Whistler

ON A RE-EVALUATION OF THE LATE PERIODS IN THE CAREERS OF ARTISTS

Kinga Bódi

The final stage of the exhibition series launched by the Collection of Prints and Drawings in 2023, which presents new acquisitions within the context of the collection and alongside contemporary analogies, comprises drawings and prints made by artists in their later periods.

Ageism is a well-known phenomenon today, which has led to a new way of thinking about old age, to a new understanding that old age is not solely a difficulty but also an opportunity to think and behave differently. Art history has always favoured thinking in terms of periods, whether we differentiate between creative periods in an artist's career or distinguish successive stylistic movements in European art. However, it has always focused more attention on the early years of artists, on their earliest influences and the factors that shaped their artistic identity. Until recently, how an artist's career came to a close was rarely examined. For a long time, the art produced in old age was considered taboo and either interpreted as a decline following a mature period or not presented because it did not fit neatly into the story of an artist's career. This perception was manifested at a broader social level, since modern, Western, urbanised societies have always tended to confer emotional privileges on the young and to consider youth of greater value. In contrast, in Asian or tribal communities, the elderly are more respected and associated with the idea of wisdom. As the American writer Susan Sontag described it in her 1972 book *On Women*: "Growing older is mainly an ordeal of the imagination – a moral disease, a social pathology..." Among the ancient philosophers, it was Plato in particular who, in *The Republic*, took a "more sanguine" view of old age, seeing its essence in the liberation from desire and the achievement of reconciliation at the end of life: "Old age has a great sense of calm and freedom ... The truth is, Socrates, ... for he who is of a calm and happy nature will hardly feel the pressure of age, but to him who is of an opposite disposition, youth and age are equally a burden."

The idea that we should not view an artist's late or final works with a negative aesthetic bias has a surprisingly short history. Until the late nineteenth and early twentieth centuries, it was commonly believed that creativity peaked in youth or mature adulthood, after which, in the absence of fresh discoveries and an intellectual

A KÉSEI ALKOTÓI KORSZAKOK ÁTÉRTÉKELŐDÉSÉRŐL

Bódi Kinga

A Grafikai Gyűjtemény 2023-ban indított, az új szerzeményeket gyűjteményi kontextusban és kortárs művészeti párhuzamokkal bemutató kiállítássorozatának utolsó állomásán kései alkotóperiódusban készült rajzokat és sokszorosított grafikákat mutatunk be.

Napjaink közismert jelensége az *age-izmus,* és ezzel összefüggésben az életkorokról való gondolkodás (*age-ing*), amelyben megjelent az a pozitivitás, amely az öregségében nem (csak) nehézségeket, hanem a másfajta gondolkodás és viselkedés lehetőségét is látja. A művészettörténetírás mindig kedvelte a korszakokban való gondolkodást, akár a különböző alkotói periódusokról, akár az európai művészetben egymást követő stílusirányzatokról volt szó. Ugyanakkor mindig sokkal nagyobb figyelmet fordított az alkotók kezdeti éveire – a művészeket érő első hatásokra és a művészi identitásukat formáló tényezőkre –, és egészen a közelmúltig alig vizsgálta, hogy miként zárul egy-egy alkotói pályafutás. Az időskor művészete sokáig tabunak számított, és vagy az érett korszakot követő hanyatlásként értelmezték, vagy bemutatása elmaradt, mert nem volt markánsan beilleszthető a pályaképbe. Ez a felfogás szélesebb társadalmi szinten is megmutatkozott, hiszen a modern, nyugati, urbanizált társadalmak mindig inkább a fiatalokat ruházták fel érzelmi kiváltságokkal és a fiatalságot tartották (tartják) nagyobb értéknek. Ezzel szemben az ázsiai vagy a törzsi alapon szerveződő közösségekben az idős ember több tiszteletet kap és a bölcsesség ideája társul hozzá. Ezt Susan Sontag amerikai író 1972-ben így fogalmazta meg *A nőkről* című könyvében: „…az öregedés főleg a képzelet okozta megpróbáltatás – morális betegség, társadalmi kór…”. Az antik filozófusok közül elsősorban Platón volt az, aki *Az állam* című művében az öregkorra „derűlátóbban” tekintett, és esszenciáját a vágyaktól való megszabadulásban és az életút végén való megbékélésben látta: „Mert az öregkor

openness, creativity also declined. Most medieval and early modern depictions of the "stages of life" end with a portrait of the old person as mentally depleted, weary, and without creative capacity.

The critical re-evaluation of the last works of Ludwig van Beethoven and Johann Wolfgang von Goethe opened the way to a more favourable view of the late styles of artists, and *Spätstil* and *Altersstil* as individual concepts appeared first in German terminology. The earliest and most memorable uses of the term late style can be found in Theodor W. Adorno's 1937 essay *Spätstil Beethovens*. This marks the origin of the view that late works (whether in literature, music or the fine arts) form a distinct group that should be examined within their own context, as they may possess unique references that differ from earlier periods. Today, the idea that the freshness of a work of art is independent of the creator's age is becoming more widely accepted: *Spätstil* is an aptitude, a badge of creative genius in a long artistic career, and ultimately a transhistorical phenomenon. Today, the great late talents include such eminent artists as Titian Vecellio, Michelangelo Buonarroti, William Shakespeare, Rembrandt van Rijn, Goethe, Johann Sebastian Bach, Francisco de Goya, Pablo Picasso, Henrik Ibsen, Claude Monet, and Joan Miró.

Nowadays, the concept of a late style has become more established in academic discourse, with an increasing number of independent studies, essay volumes, and exhibitions dedicated to the late or last works of various artists. With our exhibition, we aim to show that the works created in the later years of an artist's career are not somehow *belated*, but exciting components of their oeuvre. Late works can be an impactful conclusion to an artist's life-work, a dynamic new beginning of the creative journey, or perhaps a liberated, carefree culmination, born out of joyful play, to a career rich in content. What determines this is not a "set of symptoms" associated with old age but the mindset of the individual.

The complexity of this phenomenon is illustrated by this exhibition of recent works by an elderly artist and thinker who has opened a new chapter with his drawings and paintings of the last few years. For many decades, the Hungarian-born Géza Perneczky (Keszthely, 1936) created pieces in a conceptual spirit, focusing on the visualisation of ideas rather than producing objects that convey thoughts. In Germany in the 1970s and 1980s (having emigrated to Cologne in 1970), he found it natural to keep pace with the international and

[...] teljes békét és szabadságot biztosít; [...] Aki fegyelmezett és derűs kedélyű, az még az öregséget is mértéktartóan viseli; de aki nem az, annak, Szókratész, nemcsak az öregség, hanem az ifjúság is nehéz teher."

Annak a gondolatnak, hogy ne negatív előjelű esztétikai megkülönböztetéssel tekintsünk a művészek kései/utolsó munkáira, meglepően rövid története van. A 19. század végéig, a 20. század elejéig általános volt az a nézet, hogy a kreativitás a fiatal, illetve az érett felnőttkorban tetőzik, mely után a felfedezésre való nyitottság és a friss szemlélet hiányában az alkotókészség is hanyatlik. A középkori és kora újkori „életszakaszábrázolások" legtöbbször a szellemileg kiüresedett, elfáradt, kreatív képességek nélküli öregember képével zárulnak.

A kései stílus kedvezőbb megítélését Ludwig van Beethoven és Johann Wolfgang von Goethe utolsó műveinek kritikai újraértékelése nyitotta meg, és először a német terminológiában jelent meg a *Spätstil* és az *Altersstil* önálló fogalomként. A „kései stílus" kifejezést az elsők között és a legemlékezetesebb módon Theodor W. Adorno használta 1937-ben a *Spätstil Beethovens (Beethoven kései stílusa)* című esszéjében. Ekkortól eredeztethető az a nézet, miszerint a kései (irodalmi, zenei, képzőművészeti) alkotások önálló, a korábbi korszakoktól adott esetben eltérő, egyedi referenciákkal rendelkező, saját összefüggéseikben vizsgálandó csoportot képeznek. Mára kezd általánosabbá válni az a felfogás, miszerint egy műalkotás frissessége független az alkotó életkorától: a *Spätstil* adottság, a hosszú alkotói életmű a zsenialitás ismertetőjegye és valójában transzhisztorikus jelenség. Mára a nagy „kései" tehetségek sorába olyan alkotók tartoznak, mint Tiziano Vecellio, Michelangelo Buonarroti, William Shakespeare, Rembrandt van Rijn, Goethe, Johann Sebastian Bach, Francisco de Goya, Pablo Picasso, Henrik Ibsen, Claude Monet, Joan Miró.

Napjainkra a „kései stílus" kezd hosszabb diskurzustörténettel rendelkező fogalommá válni és számos önálló kutatás, tanulmánykötet és kiállítás foglalkozik különböző művészek „late" vagy „last" munkáival. A kiállítással

domestic neo-avant-garde movements, minimalism and conceptualism, but in his early works he also followed the new trends in painting (Neo-Expressionism, Neue Wilde, Heftige Malerei, transavantgarde, etc.). He is one of the members of his generation who – after moving on from an early neo-avant-garde period – paints and draws to the present day. Perneczky does not pursue any current artistic trend in his paintings and drawings, but rather works for himself. Painting fills the hours of his private life, capturing personal moments, experiences, and feelings that are at times happy, at times bittersweet. Dynamic and playful, his figurative drawings appear effortless at first glance but reverberate with the ironic and satirical tone that has defined the entirety of Perneczky's work, regardless of the period of their creation. The direct link between his early and late works is the use of rubber-stamp motifs, a Perneczky trademark that appears in all his art on paper and is well-known from his early mail art activities. In Géza Perneczky's late works, the sense of abandon, the lack of any underlying content, the immersion in pure spectacle testify to a degree of vitality and classical artistic temperament that is absent in his earlier works.

"I'M NOT FALLING INTO NOTHINGNESS BUT BRINGING WITH ME THE RICH DECADES OF MY PAST"

GÉZA PERNECZKY AND KINGA BÓDI SPEAK ABOUT CHILDHOOD, ARTISTIC AND ART HISTORICAL PERIODS, AND REMEDIES FOR AGING

Kinga Bódi: Géza, I'm very delighted to see you again and even more delighted to see that you draw and write (by hand) every day, almost like keeping a diary, which is a wonderful thing! How are you?

Géza Perneczky: I'm very well! I enjoy drawing. Right now, it's the only thing I'm really happy doing. Today I drew the pine trees on the horizon and the overcast sky… only my light blue pen is running out of ink…

K. B.: These drawings are very expressive and moving! Your drawings are precisely the apropos of our conversation. We're

arra szeretnénk rámutatni, hogy az alkotók kései éveinek munkái nem *megkésett* alkotások, hanem az életmű izgalmas alkotóelemei. Egyéni gondolkodásmódtól – és nem az öregséghez társított általánosító „tünetegyüttestől" – függ, hogy a kései művek frappáns lezárói az életműnek, vagy lendületes újrakezdői egy alkotói utazásnak, esetleg felszabadult, tét nélküli, örömjátékból született megkoronázásai egy jelentésben gazdag pályafutásnak.

A jelenség sokféleségének bemutatására alkalmat szolgáltat egy olyan idős művész és gondolkodó legutóbbi munkáinak a kiállítása, aki új fejezetet nyitott az elmúlt években rajzolt és festett műveivel. Perneczky Géza (Keszthely, 1936) évtizedeken át alkotott konceptuális szellemben, vagyis a gondolatközvetítő tárgyalkotás helyett a gondolatvizualizációra fókuszálva. Ugyanakkor az 1970–1980-as években (1970-es kölni emigrálását követően) Németországban természetesnek találta, hogy lépést tartson a nemzetközi és a hazai neoavantgárd mozgalmakkal, a minimalizmussal és a konceptualizmussal, de korai munkáiban a festészet új hullámait (neoexpresszionizmus, Neue Wilde, Heftige Malerei, transzavantgárd stb.) is követte. Nemzedékének azon tagjai közé tartozik, akik – korai, neoavantgárd munkásságuk lezárását követően – a mai napig festenek, rajzolnak. Festményein és rajzain Perneczky nem valamilyen aktuális művészeti törekvést szolgál, sokkal inkább magának dolgozik. Napjainkban születő képei inkább a magánélet óráit töltik ki, és azok személyes, hol boldog, hol keserédes pillanatait, élményeit, érzéseit örökítik meg. A figurális rajzok dinamizmussal telítettek, játékosak, ugyanakkor az elsőre könnyednek tűnő munkák a legkevésbé sem mellőzik azt az ironikus-szatirikus hangvételt, amely korszaktól függetlenül valamennyi Perneczky-művet jellemzi. A korai és a kései munkák közötti közvetlen kapcsolódást azok a gumipecsételéssel készített, Perneczky védjegyének számító motívumok jelentik, amelyek valamennyi papírra készült alkotásán megjelennek és a művész korai mail art tevékenységéből jól ismertek. A Perneczky Géza kései művein

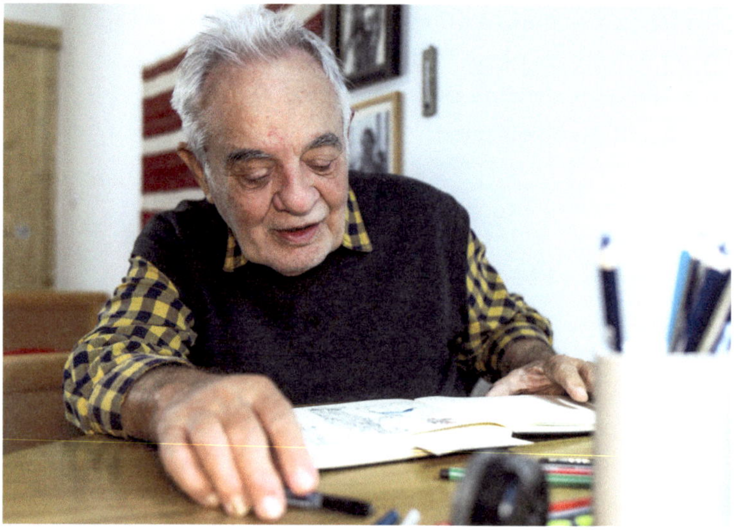

preparing an exhibition of sixty-seven of your watercolours from the early 2000s, which you donated to the Museum of Fine Arts' Collection of Prints and Drawings in 2022 (the pieces derive from five different series: *On the Beach 1–2, Extreme Sports, Spray and Breakdance* and *Sliced and Pasted*), accompanied by a selection of your most recent sketchbook drawings from 2024. When we were thinking about how to present these late works in the context of our museum collection, we almost immediately had the idea of placing them in dialogue with late works by various modern and contemporary artists in our collection. We examine the essential questions: why and how does an artist's style change (if it changes) over the years and decades? What does late period mean within an oeuvre?

Alongside your pieces, we have selected late works from our collection by artists such as Francisco de Goya, Camille Corot, James McNeill Whistler, Auguste Rodin, Egon Schiele, Vincent van Gogh, Henri de Toulouse-Lautrec, Édouard Manet, Joan Miró, Pablo Picasso, Judit Reigl, and Gerhard Richter, among others. Their works provide examples of a wide range of end-of-career strategies.

G. P.: It is a great honour to be included among these artists in the Museum of Fine Arts. Let me write this in my calendar... This is a very smart exhibition concept!

tapasztalható önfeledtség, mondanivalómentesség, a puszta látványban való elmerülés olyan fokú életigenlésről és klasszikus művészi habitusról tesz tanúbizonyságot, amely korábbi művein nem volt jelen.

fun!

„NEM A SEMMIBE ESEK BELE, MERT HOZOM MAGAMMAL AZ ELMÚLT ÉS TARTALMAS ÉVTIZEDEIMET”

PERNECZKY GÉZÁVAL BÓDI KINGA BESZÉLGET GYEREKKORRÓL, ALKOTÓI ÉS MŰVÉSZETTÖRTÉNETI KORSZAKOKRÓL, VALAMINT AZ ÖREGEDÉS ELLENSZEREIRŐL

Bódi Kinga: Géza, nagyon örülök, hogy újra látlak és még nagyobb örömmel tölt el, hogy látom, mindennap rajzolsz és írsz (kézzel), szinte naplószerűen, ami csodálatos dolog! Hogy vagy?

Perneczky Géza: Jól vagyok! Szeretek rajzolni, ez az egyetlen, amit igazán boldogan csinálok jelenleg. Ma is lerajzoltam a fenyőket a horizonton és a borongós eget... csak fogyóban a világoskék színű tollam tintája...

B. K.: Ezek nagyon expresszív és megindító rajzok! A beszélgetésünk apropóját is éppen a rajzaid jelentik. Egy kiállításra készülünk, amelyben az általad 2022-ben a Szépművészeti Múzeum Grafikai Gyűjteményének ajándékozott, a 2000-es évek elején festett 67 akvarellből (öt sorozatból származnak a lapok: *On the Beach 1–2, Extreme Sports, Spray and Breakdance* és *Sliced and Pasted*) és a legújabb, 2024-ben vázlatfüzetekbe készített rajzaidból mutatunk be válogatást. Amikor azon gondolkodtunk, hogyan lehetne ezeket a „kései műveidet” gyűjteményi kontextusban kiállítani, szinte azonnal megszületett az ötlet, hogy állítsuk párbeszédbe őket a különböző modern és kortárs alkotók kései korszakának gyűjteményünkben őrzött műveivel.

Perneczky Géza alkotás közben Telkiben
2024

Géza Perneczky
at work in Telki
2024
Fotó / Photo:
© DEBRE Krisztina

K. B.: So this time, I'm not going to ask you about your early work. Do you remember these watercolours you made around 2001/2002 at Lake Balaton? How were they created?

G. P.: Now that you've shown them to me, I recognise they're my work. I remember sitting on the shore in Keszthely ... I spent several holidays at Lake Balaton in the early 2000s. I was staying with one of my aunts, Mrs. Géza Láng, in Keszthely. I made a lot of drawings there – let's say sketches. In little sketchbooks, I drew moments, people, strange situations that captivated me. So, these aren't things I made up out of thin air. Then I took those sketchbooks back to Cologne with me, and I recreated some of the scenes in those sketches in larger and more elaborate watercolours.

In these paintings, I frequently used the rubber stamps, too, that I'd applied a few years earlier to liven up my mail art objects. Among them was the oval stamp with my logo, with the words "Soft Geometry" (I used this stamp also as a substitute for my signature), and numerous other rubber stamps with standard phrases commonly found in letters and in greetings ("sincerely", "yours ever", "long letter", "love letter", "a lot of glory", "fun", "luck", etc.). How these texts complemented the otherwise realistic, figurative images may have seemed eclectic, but even if it was, I wasn't bothered by this dissonance. I thought I, too, could indulge myself in decorating my surroundings with "graffiti". Anyhow, the whole art of painting only made sense if I felt free and completely independent while I was working. This freedom could not be restricted by the archaic, conservative rules of the painting discipline, nor by the orthodox tenets of the worn-out avant-garde.

> **"I felt free and completely independent while I was working"**

K. B.: And where did the idea for your sliced paintings come from?

G. P.: I think it was in 2002, when I suddenly decided to slice some of my previous watercolours vertically, along the edge of a ruler laid on the paper, then I mixed up the strips and pasted them together on another sheet in this different order. The painting was still recognisable, but it had the effect of a hall of mirrors: the people and objects depicted looked back at the viewer from multiple directions, as if they'd been multiplied and fallen into strips. The idea came from my attempt to imitate the effect of the rapid-fire editing and restless rhythms of music videos. The technique used was very

Az alapvető kérdésfelvetésünk az lett, hogy miért és hogyan változik (ha változik) egy művész stílusa az évek, évtizedek során? Mit jelent valójában a „kései korszak" egy-egy életműben?

A gyűjteményünkből a te munkáid mellé többek között olyan művészektől válogattunk „kései műveket", mint Francisco de Goya, Camille Corot, James McNeill Whistler, Auguste Rodin, Egon Schiele, Vincent van Gogh, Henri de Toulouse-Lautrec, Édouard Manet, Joan Miró, Pablo Picasso, Reigl Judit vagy Gerhard Richter. Műveik révén sokféle pályavégi stratégiára láthatunk példát.

P. G.: Nagyon megtisztelő, hogy ezekkel a művészekkel együtt szerepelhetek a Szépművészeti Múzeumban. Be is írom a naptáramba… Okos megközelítés a kiállítás koncepciója!

B. K.: Szóval most nem a korai munkásságodról szeretnélek kérdezni. Emlékszel ezekre a 2001/2002 körül készített balatoni akvarelljeidre? Hogyan születtek?

P. G.: Most, hogy mutatod őket, felismerem őket, hogy ezeket én csináltam. Emlékszem, hogy a keszthelyi strandon ültem… a Balatonon nyaraltam többször a 2000-es évek elején, Keszthelyen, Láng Gézánénál laktam, aki az egyik nagynéném volt. Ott a helyszínen nagyon sokat rajzoltam, mondjuk úgy, hogy skicceket csináltam. Kis jegyzetfüzetbe rajzoltam le azokat a pillanatokat, embereket, fura helyzeteket, amelyek megragadtak. Szóval ezek nem a levegőből vett dolgok. Aztán ezeket a jegyzetfüzeteket elvittem magammal vissza Kölnbe, és a skiccekből néhány jelenetet megcsináltam nagyobb és kidolgozottabb akvarell formájában is.

Gyakran használtam a festmények elkészítése közben azokat a gumipecséteimet is, amikkel néhány évvel korábban a mail art küldeményeket tettem elevenebbé. Köztük volt a „Soft Geometry" szövegű logóm ovális pecsétje (ez a pecsét az aláírásomat is helyettesíthette),

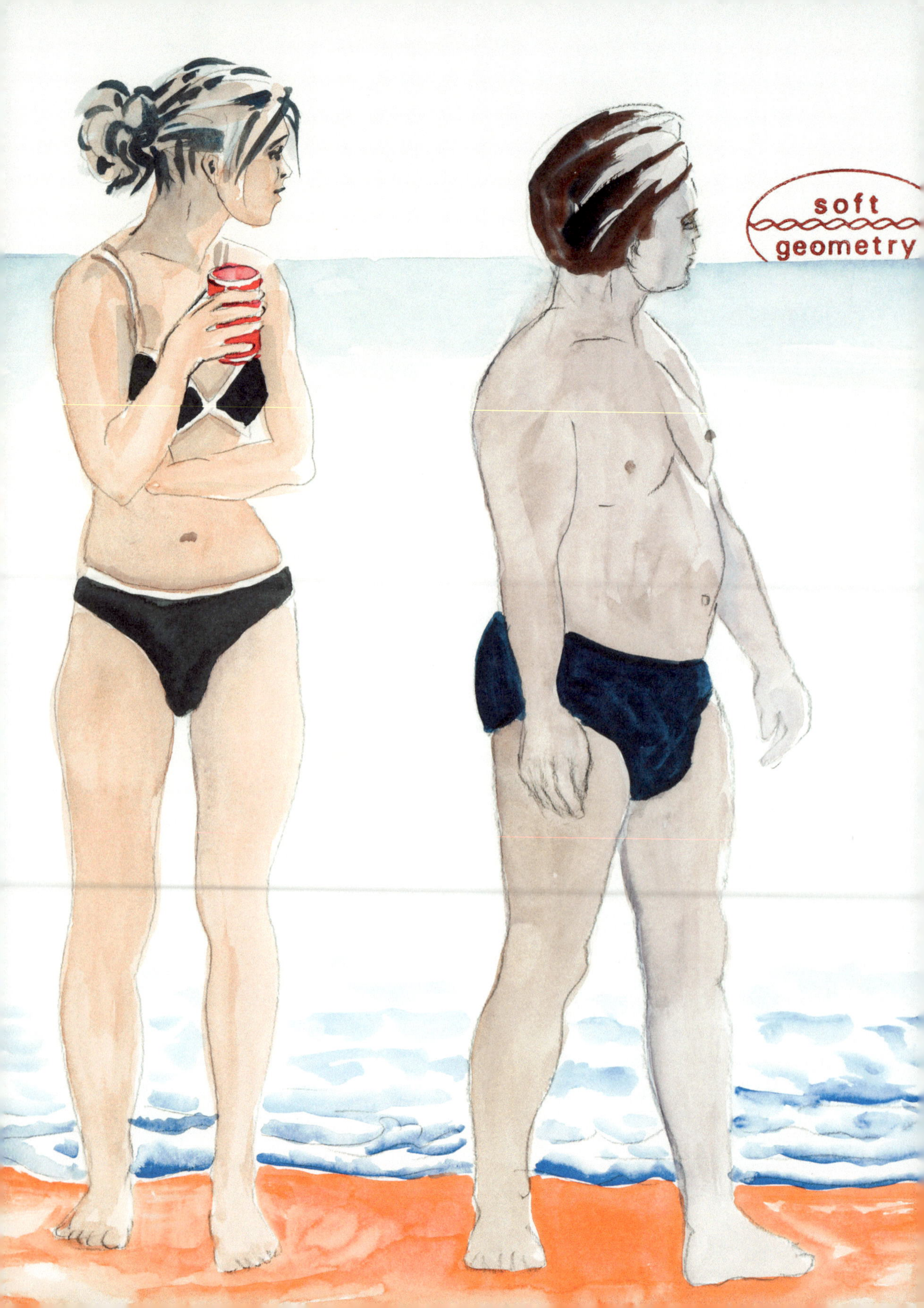
soft
geometry

és számos olyan szöveges gumipecsét is, amelyek többnyire a levélírás, illetve az üdvözletek sztereotip fordulatait (sincerely, yours ever, long letter, love letter, a lot of glory, fun, luck stb.) ismételték. Lehet, hogy ezek a szöveges pecsétbetétek meglehetősen eklektikus módon egészítették ki a különben realisztikus hatású figurális képeket, de ha így volt is, ez a disszonancia egyáltalán nem érdekelt. Úgy gondoltam, hogy megengedhetem magamnak, hogy én is „graffitivel" díszítsem a környezetemet. Egyáltalán, az egész festői munkának is csak úgy volt értelme, ha munka közben szabadnak és teljesen függetlennek érezhettem magam. Ezt a szabadságot nem korlátozhatták a festői diszciplína őskonzervatív szabályai, de a megunt avantgárd ortodox tézisei sem.

„munka közben szabadnak és teljesen függetlennek érezhettem magam"

B. K.: És a szeletelt képeid ötlete honnan eredt?

P. G.: Azt hiszem, 2002-ben történt, hogy egy váratlan elhatározással néhány korábban festett akvarellképemet a papírra fektetett vonalzó mentén függőleges szeletekre vágtam, és az így kapott csíkokat összekevertem, majd ebben a megváltozott sorrendben ragasztottam fel újra. A festmény felismerhető maradt, de úgy hatott, mintha tükörkabinetbe került volna: az ábrázolt személyek és tárgyak több irányból és – mintha megsokszorozták volna őket – csíkokra hullva tekintettek vissza a kép szemlélőjére. Az ötlet onnan eredt, hogy megpróbáltam a videóklipek sűrűn vágott, nyugtalan ritmusú összképét utánozni. Persze, az alkalmazott technika nagyon egyszerű, majdnemhogy primitív volt, de az eredmény mégis meggyőzött arról, hogy érdemes ily módon „elpusztítani" a képeket – jobbak lettek tőle. Először csak néhány, pár hónappal korábban festett képet „kevertem" így meg, majd nekiláttam, hogy kifejezetten felszeletelés céljából fessek újabb akvarelleket. Csakhamar oly módon egyszerűsítettem le ezt az eljárást, hogy ceruzát vettem a kezembe, és mindjárt a munka elején azzal osztottam csíkokra a még üres papírt. A képszeleteket csak gondolatban rakosgattam

PERNECZKY GÉZA
On the Beach
(A parton) 2 (5)
2002
(12. kat. sz.)

GÉZA PERNECZKY
On the Beach 2 (5)
2002
(cat. 12)

simple, almost primitive, but the result convinced me that it was worth "destroying" images in this way – it made them better. At first, I "mixed" only a few pictures I'd painted a couple of months earlier, and then set about painting more watercolours specifically for the purpose of slicing them up. I soon simplified this process by using a pencil to divide the blank paper into strips at the very beginning. I stacked and shuffled the picture slices only in my mind, and started painting only when I'd managed to create a new order of the strips in my imagination.

But the scissors or the knife did not disappear for good, because I could only hope for a truly surprising and interesting effect when the paintings were physically snipped apart. There's no question – the random outcome achieved in this way is the best teacher. In 2003, I completed a series of nearly one hundred paintings with classical subject matter, like still-lifes, interiors, or figures moving in enclosed spaces. Before cutting them into slices, I photographed them and then took similar-sized photographs of the re-shuffled and pasted versions. Later, I returned to them, and juxtaposed the intact and the sliced-and-rearranged paintings on the computer screen. A successful result was not my aim. I was interested in the process itself, in the joy of manipulating the images, of achieving unexpected outcomes. This curious game – making pictures, photographing them, slicing them up, then viewing the initial and final phases of the process on the computer screen – occupied me for an entire year. Perhaps one of the reasons I couldn't stop this maniacal cutting and pasting was because it reminded me of the fact that classical prototypes are always destroyed in their original, traditionally harmonious state.

"the joy of manipulating the images, of achieving unexpected outcomes"

K. B.: Let me ask you briefly about your roots. What does Keszthely mean to you? What kind of family do you come from? What kind of childhood did you have?

G. P.: The Perneczky family is not originally from Keszthely. When the Anti-Jewish laws were passed [in the 1930s], every Hungarian family had to trace their ancestors. Then it turned out that the earliest traces of the Perneczky family could be found in Upper Hungary, in today's Slovakia, and they might have been of Polish origin and had perhaps lived in Poland, in Silesia, sometime in the eighteenth

és cserélgettem, magát a festést pedig csak akkor kezdtem el, amikor már képzeletben sikerült kialakítani a képcsíkok új rendjét.

Az olló vagy a késpenge azonban nem tűnt el végleg, mert igazán meglepő és érdekes hatást csak akkor remélhettem, ha a festmények szétnyirbálása fizikai úton is megtörtént. Mert hiába, mégiscsak az így kiprovokált véletlen a legjobb tanítómester. 2003-ban egy csaknem száz képből álló sorozatot készítettem el úgy, hogy klasszikus témájú képeket, például csendéleteket, enteriőröket, vagy zárt térben mozgó figurákat festettem, és mielőtt szeletekre vágtam volna ezeket a képeket, lefényképeztem őket, majd pedig a későbbi, már megkevert és újra felragasztott változatokról is készítettem hasonló méretű felvételeket. Később, a számítógép képernyőjén azután egymás mellé állíthattam a még ép és a már csíkokra vágott és átrendezett festményeket. Nem a végeredmény sikere volt a célom, hanem maga a munkafolyamat, a képek hazárd kimenetelű manipulálásának az öröme érdekelt. Ez a furcsa játék: a képek legyártása, fotózása és felszeletelése, valamint a folyamat kezdeti és végfázisainak a képernyőn való megjelenítése egy egész esztendőmet kötötte le. Abban, hogy nem szűntem meg mániákusan vagdosni és ragasztgatni a képeket, talán az is közrejátszott, hogy ennek eredményeképpen a klasszikus előképek a maguk eredeti, hagyományosan harmonikus mivoltukban mindig megsemmisültek.

„a képek hazárd kimenetelű manipulálásának az öröme érdekelt"

B. K.: Engedd meg, hogy röviden a gyökereidről kérdezzelek. Mit jelent neked Keszthely? Milyen családból jössz, milyen gyerekkorod volt?

P. G.: A Perneczky család eredetileg nem keszthelyi. Amikor Magyarországon a zsidótörvényeket hozták, akkor minden magyar családnak vissza kellett kutatni az őseit. Ekkor derült ki, hogy a Perneczkyek legrégibb nyoma a Felvidékről való, a mai Szlovákiából, és ott ez egy

century. And so, they came down from the north, arriving first in Upper Hungary in Nemeskajal (today Kajal, Slovakia), before heading further south, and finally to Keszthely. And on my mother's side, the Veress family came from Transylvania, from Kászonfeltíz (now Plăieșii de Sus, Romania).

I loved my parents very much; we got along very well. It was a harmonious family. My childhood was good. I had two younger brothers, but unfortunately only one is still alive. Everyone liked my youngest brother, Gábor, and I also loved him very much. He was like me, only half a head taller, and his mentality and interests were also similar to mine, but in the end, he became a theoretical physicist. He was a very talented mathematician and physicist, but unfortunately, he died young. I was the only one in the family interested in art, music, and the humanities. My father, who was a mechanical engineer, almost disowned me because of this. He said, "being an artist is a disgrace." Well, as an engineer, he simply didn't know what to make of it. Especially since he was very proud to be an engineer, because the Perneczky family had been peasants – *kulaks*, rich peasants, but still peasants. Actually, my grandfather Perneczky was a wheel maker, trained as a carriage wheel maker, and in the 1890s he travelled around Europe on foot, as was the custom of the time.

But back to my mother's side: we're related to the Vidovszkys, an intellectual family from the Great Plain, whose members were mainly notaries and judges. The Vidovszky family branched off into the Réthy family, who were mostly pharmacists and chemists. The name is associated with Béla Réthy horehound candy; I think it still exists today. My mother comes from that branch, so she trained as a pharmacist. I have an interesting, interwoven, complicated family, especially on my mother's side.

K. B.: Where do you think your artistic talent and affinity come from?

G. P.: They say that among the Vidovszky family in Békéscsaba, Uncle Béla Vidovszky wanted to be a painter. He also started with music, like me, and he graduated from the Academy of Music, but he broke his arm twice and couldn't continue his career. I played the piano in my youth, and after graduating from high school, I got my degree as a piano teacher. But I knew I wasn't talented enough

lengyel eredetű család lehetett, akik valamikor a 18. században még Lengyelországban, Sziléziában élhettek. Onnan északról jöttek először a Felvidékre, Nemeskajalra (ma Kajal, Szlovákia), azután még délebbre, és végül Keszthelyre. Az anyám révén a Veress család pedig Erdélyből származik, Kászonfeltízről (ma Plăieșii de Sus, Románia).

Nagyon szerettem a szüleimet, nagyon jóban voltunk. Harmonikus család volt. Jó gyerekkorom volt, két öcsém született, de sajnos már csak az egyik él. A kisebbik öcsémet, Gábort, mindenki nagyon kedvelte és én is nagyon szerettem. Olyan volt, mint én, csak egy fél fejjel magasabb, de a mentalitása, az érdeklődése is hasonlított az enyémhez, csak ő végül elméleti fizikus lett. Nagyon tehetséges matematikus és fizikus volt, sajnos nagyon hamar meghalt. Én voltam a családban az egyedüli, akit a művészet, a zene és a bölcsészet érdekelt. Az apám, aki gépészmérnök volt, majdnem kitagadott emiatt. A művészféleség az szégyen – mondta. Jó, hát egy mérnökember nem tudott ezzel mit kezdeni. Pláne úgy, hogy nagyon büszke volt arra, hogy mérnök lett, mert a Perneczkyek különben parasztok voltak – kulákok, gazdag parasztok –, de parasztok. Illetve eredetileg a Perneczky nagyapa kerékgyártó volt, kocsikerékgyártónak tanult, és az 1890-es években bejárta gyalog Európát, az akkori szokásoknak megfelelően.

De visszatérve az anyai ágra: rokonok még a Vidovszkyk, egy alföldi értelmiségi család, tagjai főleg jegyzők, meg bírók voltak. A Vidovszky családból ágazott le a Réthy család, ők pedig főleg gyógyszerészek és vegyészek voltak. A Réthy Béla-féle pemetefű-cukorka fűződik a nevükhöz, azt hiszem, hogy ez még ma is létezik. Anyám erről az ágról származik, így ő patikusnak tanult. Érdekes, fonódó, bonyolult családom van, főleg az anyai ágon.

B. K.: Mit gondolsz, a te művészi tehetséged, affinitásod honnan ered?

P. G.: Azt mondják, hogy a békéscsabai Vidovszkyak közül Vidovszky Béla bácsi festőművész akart lenni.

to be a pianist. Only the very best can become instrumental artists. There are plenty of second-rate musicians, that's not very special. You have to be either Zoltán Kocsis or nothing at all. I told my parents that I wasn't talented enough, and they were ready to support me for five years in the humanities department after three years of training to be a music teacher. This demonstrates their willingness to make sacrifices for me. They scraped together the money. At the same time, my father was very upset that I wanted to study in the humanities department, and why art history of all things? He believed art was useless. Unfortunately, his outlook in this respect was quite limited. But he put up with it because my mother was tough. My mother had some Armenian blood through Grandfather Veress, so she was tough and also very practical with money. She stood up to my father many times, including when I announced I wanted to study art history: she supported me completely and gave me everything. She felt that she was much more educated than members of my father's family, and therefore believed it was right for me to become an art historian, and her conviction prevailed against my father.

K.B.: How difficult was it to leave your family when you emigrated in 1970?

G. P.: I'm trying to remember how I felt at the time... Actually, I left at the last moment before the fall of socialism, but you couldn't be sure it was going to fall. It was not difficult to leave in 1970, because there was no sign at the time that communism was ever going to end in Hungary. Although I loved my family, I was very young, I longed for adventure, I had a desire to see the world, a desire for openness. However you look at it, I ended up making a career in Germany, and although I was only a secondary school teacher, I became very well-known and successful relatively quickly, and I got involved almost immediately in the international art scene, in all its various facets, both as a creator and as a thinker. But that was another era...

K. B.: How would you describe the fundamental difference in terms of content between your work then and now? As an art historian, you also have a historical approach: do you detect stylistic changes, periods in your own oeuvre, or do you see it as a single unit?

G. P.: I see my *Yes – No* and *Art Bubbles* series from the early 1970s as the most important works I've made as a visual artist. They were

De ő is zenével kezdte, ugyanúgy, mint én, és el is végezte a Zeneművészeti Főiskolát, de eltört kétszer is a karja, és nem tudta folytatni a pályát. Én fiatalkoromban zongoráztam, és érettségi után meg is szereztem a zongoratanári diplomát. De tudtam, hogy annyira nem vagyok tehetséges, hogy zongoraművész legyek. Hangszeres művésznek lenni csak a legjobbnak érdemes. Másodrangú zenészből sok van, az már nem érdekes. Vagy Kocsis Zoltánnak kell lenni, vagy semmilyennek nem szabad.
A szüleimnek is megmondtam, hogy nem vagyok elég tehetséges, és az áldozatkészségüket mutatja, hogy hajlandók voltak a három év zenei szaktanárképző után még öt évig a bölcsészkaron is támogatni. Kipréselték a pénzt számomra. Miközben az apám nagyon ideges volt, hogy miért akarok bölcsészkarra menni, ráadásul pont művészettörténetre. Szerinte a művészet az semmirekellő dolog. Az ő horizontja ilyen szempontból sajnos nagyon alacsonyan volt. De eltűrte, mert az anyám meg kemény volt. A Veress nagyapa révén örmény vér is volt az anyámban, szóval szívós volt és a pénzt is az élére tudta állítani. Apámmal szemben is sokszor a sarkára állt, így akkor is, amikor közöltem, hogy művészettörténetet akarok tanulni: maximálisan támogatott és mindent megadott nekem. Ő úgy érezte, hogy az apám családjához képest ő sokkal tanultabb, és ezért hitte, hogy az a helyes, hogy én művészettörténész legyek, és érvényesítette ezt a meggyőződését az apámmal szemben.

B. K.: Mennyire volt nehéz itt hagyni a családodat 1970-ben, amikor emigráltál?

P. G.: Most próbálok visszaemlékezni, mit éreztem akkor… Tulajdonképpen én a szocializmus bukása előtti utolsó pillanatban mentem el, de nem lehetett mérget venni rá, hogy meg fog bukni. Szóval, 1970-ben nem volt nehéz elmenni, mert akkor nem látszott, hogy meg fog valaha is szűnni a kommunizmus Magyarországon. És mert hiába szerettem a családomat, nagyon fiatal voltam, nagy volt bennem a kalandvágy, vágytam a világra, a nyitottságra. Akárhogy nézzük is, végül Németországban aztán karriert csináltam, mert ugyan csak

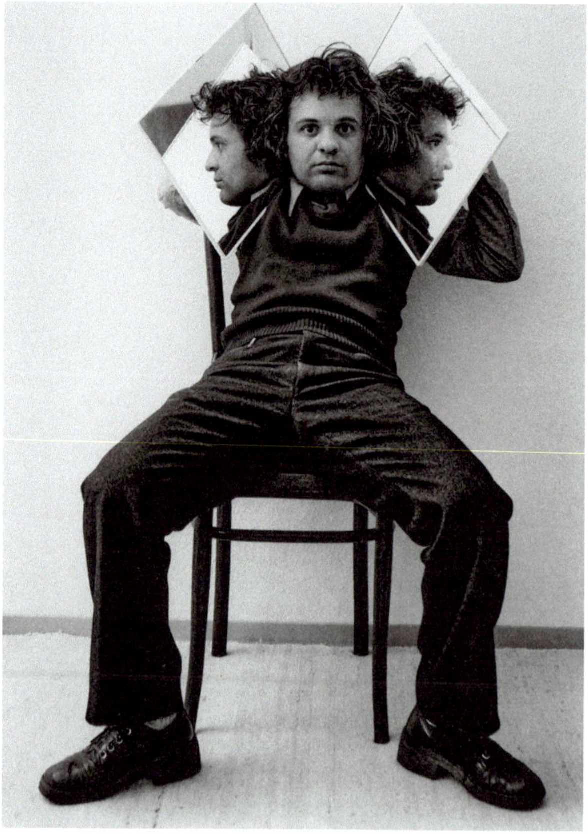

PERNECZKY GÉZA
Tükrök
1972
brómezüst zselatin nagyítás
210 × 297 mm

GÉZA PERNECZKY
Mirrors
1972
gelatin silver print
210 × 297 mm
Fotó / Photo:
© Bán Miklós jóvoltából / Courtesy of Miklós Bán

true conceptual art pieces. The latter made its way into New York's Museum of Modern Art and several other places; it's what got me into encyclopaedias. In hindsight, I think that everything before that was just preparation, and everything after that was a resolution. Because even in these late watercolour series, especially in *On the Beach*, you can find inserts, texts, signs, etc. from my earlier work. These clearly come from my early conceptual art. Except these are resolved in figurative, once again narrative art.

K. B.: Why did you shift from conceptual art to figurative and narrative art?

G. P.: Because it wasn't possible to keep doing conceptual art; it wasn't possible to intensify it further. You can't keep doing it for long, it runs out of steam. Once you've had your grand achievement, it's over. In fact, Picasso only had one watershed moment, when he started his cubist period. After that he was able to continue and

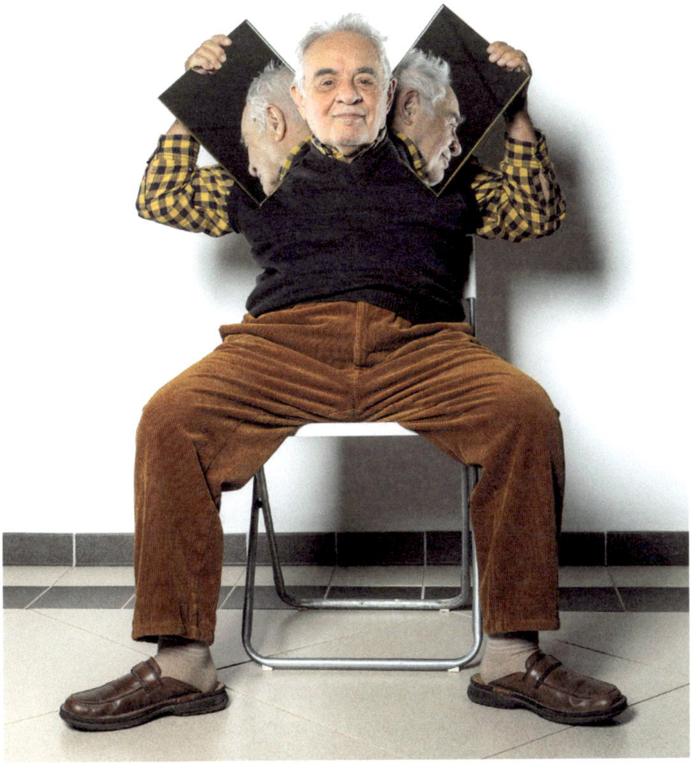

PERNECZKY GÉZA
Tükrök (remix)
2024

GÉZA PERNECZKY
Mirrors (remix)
2024
Fotó / Photo:
© DEBRE Krisztina

középiskolai tanár voltam, de viszonylag hamar nagyon ismert és sikeres lettem, és szinte azonnal bekapcsolódtam a nemzetközi művészeti életbe, a különböző rétegeibe, mind alkotóként, mind gondolkodóként. Na de ez egy másik korszak volt...

B. K.: Hogyan fogalmaznád meg az alapvető mondanivalóbeli különbséget az akkori és a mostani munkáid között? Művészettörténész is vagy, van történeti szemléletmódod: látsz stílusváltásokat, periódusokat a saját életművedben, vagy egy egységnek tekinted?

P. G.: Azt látom, hogy az 1970-es évek elején készített *Igen – Nem-* és *Művészet-buborékok*-sorozataim a legfontosabbak, amit képzőművészként csináltam. Igazi koncept art munkák voltak. Utóbbi került be

vary it indefinitely, because he was a brilliant artist, and he lived in a fortunate period, one in which every decade presented new challenges. But that kind of history is over. There hasn't been as great a change between today and, say, the 1980s or the 1990s, or between the 2010s or 2020s; there haven't been challenges like those Picasso faced in each decade of his life. Like almost no other artist, Picasso was a star throughout his lifetime. Even Albrecht Dürer was not a star of this magnitude because he simply did not live in an age when the world was inundated with enormous amounts of information, as was the case in Picasso's time. Perhaps only Van Gogh is a bigger star in the visual arts, since he is known around the whole world. The difference is that Picasso lived for more than ninety years. For Van Gogh, on the other hand, the time span between the *Potato Eaters* to his last paintings was only three and a half or four years. There simply wasn't enough time to get to know him during his own lifetime. Information didn't spread that fast back then. There was no television, no colour photography yet, except in a very rudimentary form, and so on. It simply took some time to get to know him, and given the circumstances, the world did come to know him relatively quickly, but he had already died by then. If he had lived as long as Picasso, he would have been an absolute superstar in his own time, not just afterward.

"It is always history that sets the tasks."

It is always history that sets the tasks. Let's not forget that; it determines everything. It's always been like that. I don't think genius is the most important. It's the raw material, like playdough in the hands of children: they can make a ball out of it, or a figure, or a horse; they can throw it away; they can do anything – but it is nothing in itself. It's history that poses the challenges for the artists, who then either solve them or not. There are examples of both. Both deterring and exemplary.

So, after your defining achievement comes the resolution; this applies to everyone, because you try to "sell" everywhere what you've managed to do once, and then you try to shape, mould, and use the lessons learned in other ways. As much as I could, I've also tried to resettle into the narrative world. Or the artist dies immediately, because there are examples of that, aren't there? The artist has a defining moment when he's young and there's no sequel

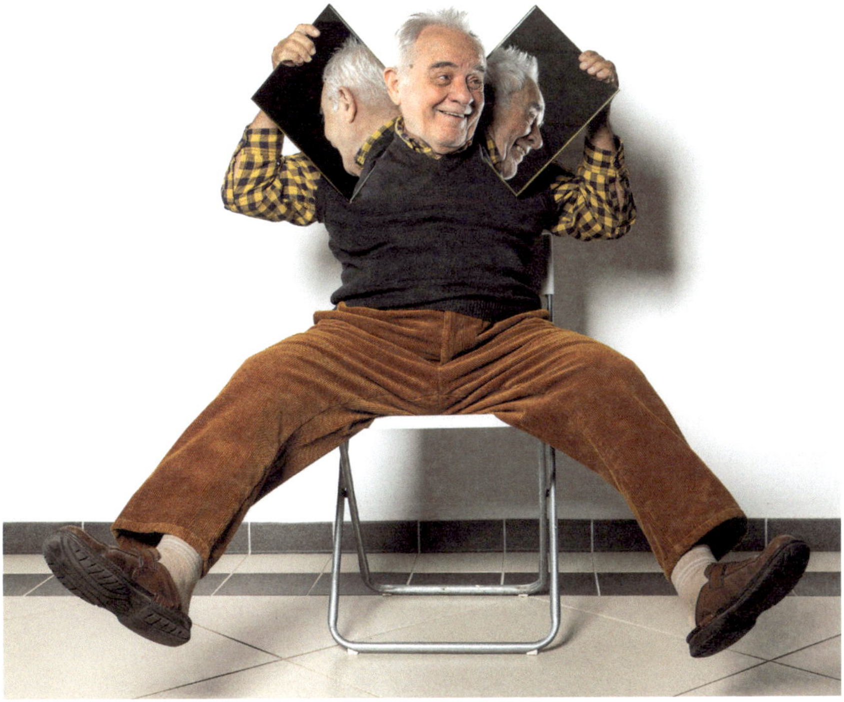

a New York-i The Museum of Modern Artba meg több helyre, ez lett lexikonadat rólam. Úgy látom így utólag, hogy minden, ami ez előtt készült, csak felkészülés volt, ami meg utána, az pedig föloldása lett ennek a dolognak. Mert ezeken a kései akvarellsorozataimon is, főleg az *On the Beach* képeken, fölfedezhetők a korábbi munkáimból betétek, szövegek, vizuális jelek stb. Ezek egyértelműen a korai konceptuális munkáimból jönnek. Csak azok föloldásai a figurális művészetben. Újra egy narratív művészetben.

B. K.: Miért léptél a koncept art után a figurális és a narratív művészet talajára?

P. G.: Azért, mert a konceptet nem lehetett tovább csinálni, nem lehetett tovább koncentrálni. Azt nem lehet sokáig csinálni, kifullad. Ha egyszer megcsinálja az ember, akkor a nagy dobásnak vége. Tulajdonképpen Picassónak is csak egy nagy dobása volt, amikor elkezdte

PERNECZKY GÉZA
Tükrök (remix)
2024

GÉZA PERNECZKY
Mirrors (remix)
2024
Fotó / Photo:
© DEBRE Krisztina

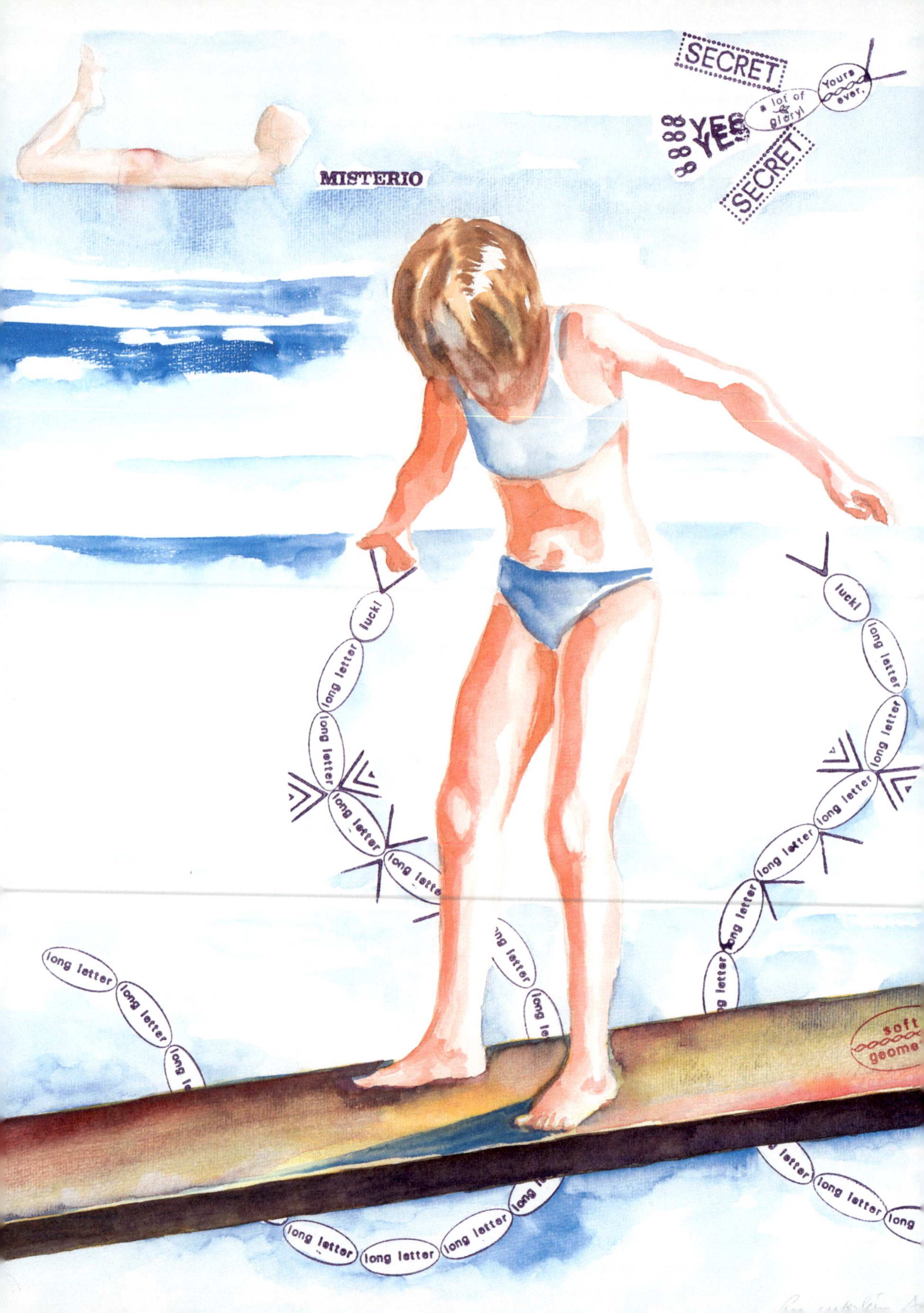
MISTERIO
SECRET
YES
YES
8888
a lot of glory!
Yours ever,
SECRET
luck!
long letter
luck!
long letter

a kubista korszakát. Aztán azt a végtelenségig tudta csinálni, variálni, mert zseniális művész volt, és jó korban élt, olyanban, amikor minden évtized új feladatokkal látta el. De ez a fajta történelem már megszűnt. A mai kor és mondjuk az 1980-as vagy az 1990-es évek, vagy a 2010-es, 2020-as évek között nincs olyan nagy váltás, nincs akkora feladat, mint Picasso életében volt az egyes évtizedek alatt. Picasso egész életében akkora sztár volt, mint amilyen a képzőművészek között szinte senki. Albrecht Dürer sem volt akkora sztár, mert egyszerűen nem élt olyan korban, hogy akkora információmennyiség áraszthassa el a világot, mint Picasso korában. Nála talán csak Van Gogh nagyobb sztár a képzőművészetben, őt az egész világ ismeri. Annyiban más, hogy Picasso több mint kilencven évet élt. Van Gogh esetében meg a *Krumplievők*től az utolsó képekig mindössze három és fél vagy négy év telt el. Egyszerűen nem volt elég idő a saját életében arra, hogy megismerjék. Azért az akkori információk nem terjedtek olyan gyorsan, nem volt televízió, nem volt színes fotográfia még, csak nagyon kezdetleges formában, és így tovább. Egyszerűen kellett egy kis idő, hogy megismerjék, és ahhoz képest nagyon gyorsan megismerte a világ, de akkor már halott volt. Ha annyit élt volna, mint a Picasso, abszolút szupersztár lett volna a saját korában is, nem csak utólag.

„Mindig a történelem adja a feladatokat.”

Mindig a történelem adja a feladatokat, ezt ne felejtsük el, mindent ez határoz meg. Mindig is így volt. Szerintem nem a zsenialitás az elsődleges, az a nyersanyag, olyan, mint a gyerek kezében a gyurma: abból gömböt is, figurát is, lovat is lehet gyúrni, el is lehet dobni, szóval mindent lehet, az önmagában még semmi. A történelem az, ami feladatok elé állítja a művészt, aki azután vagy megoldja azokat, vagy nem. Mindkét esetre vannak példák. Riasztók és példaértékűek egyaránt.

Tehát a nagy dobás után jön az oldódás, mindenkinél, mert az ember megpróbálja mindenütt „eladni” azt,

PERNECZKY GÉZA
On the Beach
(A parton) 1 (3)
2001
(16. kat. sz.)

GÉZA PERNECZKY
On the Beach 1 (3)
2001
(cat. 16)

because he's dead. But I'm about to turn ninety, now I'm counting backwards, counting the months until I turn ninety. So, I'm living in an upside-down world, where what matters are the years and months that remain until I reach ninety.

K. B.: Where do your drawings from November–December 2024 fit into the Perneczky oeuvre?

G. P.: Conceptualism crops up only very rarely in these. I don't really know what to say about them... there is no direct conceptualism in them. Instead, there's play and joy. Peace and freedom, like what you read to me at the beginning of our conversation, what Plato said about old age. How right he was! Here, the closest I get to conceptualism is that I try to artificially define the surface, but that's not really conceptualism, it's more of a technical device. I was actually struggling against the narrow format of the sketchbook. Therefore, I tried to think more in terms of visual composition and the fact that it's a book whose pages I can turn and that I actually have to pull the sheets apart to see things one by one. But if I can mark out a smaller page within a page, then maybe I don't have to take the book apart. In other words, it's a practical solution. People generally draw what they see if they aren't conceptual and draw what they've conceived if they are conceptual. For a long time, I drew what I'd conceived because I considered it beneath me to draw what I saw. Because I thought what I see is what anyone else can see. But today, I no longer have the desire that others should see what I see or what I paint. Today I only paint for myself, because over time one develops obsessions while painting. But these compulsions to paint something immediately, as sudden as they're conceived, become insignificant just as quickly in the next moment.

"...there's play and joy. Peace and freedom"

K. B.: Do these drawings bring you joy?

G. P.: Of course, very much! The colours! I enjoy seeing colours! And the making itself and the time spent, and you know, when it's done well, like the sky here... I even wrote "Overcast Sky over Telki" because the clouds were so beautiful that I immediately felt I had to write this on the drawing. But the truth is, the clouds were so text-like that when I wrote the words, you couldn't tell the difference between the drawing and the text, you couldn't even read it; the text had melted into the picture, so I wrote it again on the back.

amit sikerült egyszer megcsinálnia, és akkor a tanulságait megpróbálja formálni, alakítani és máshogy felhasználni. Amennyit lehetett, én is próbáltam átültetni a narratív világba. Vagy a művész rögtön meghal, mert erre is van példa, ugye? Fiatalon létrehozza a nagy dobást, és azért nincs folytatás, mert meghalt. De én lassan kilencvenéves leszek, most már visszafelé számolok, hogy még hány hónap hiányzik, hogy kilencvenéves legyek. Tehát egy feje tetejére állított világban kezdek élni már, ahol a negatív évek, hónapok számítanak, amelyek még hiányoznak ahhoz, hogy meglegyen a kilencven.

B. K.: A 2024 novemberében–decemberében készített rajzaidnak hol a helyük a Perneczky-életműben?

P. G.: Ezeken a konceptualizmus már csak nagyon ritkán fedezhető fel. Nem tudom, valójában mit mondjak róluk… nincsen bennük direkte konceptuális, itt inkább játék van, meg öröm. Békesség és szabadság, ahogy a beszélgetésünk elején felolvastad nekem, amit Platón mondott az öregkorról. Milyen jól látta! Itt maximum annyi a konceptuális, hogy igyekszem lehatárolni mesterségesen a felületet. De ez nem igazi konceptualizmus, ez inkább mesterségbeli fogás. Valójában küzdöttem a vázlatfüzet keskeny formátuma ellen. Tehát próbáltam jobban képformátumban gondolkodni, meg abban, hogy ez egy könyv, amit lapozni tudok, és amit tulajdonképpen lapjaira szét kellene szedni ahhoz, hogy a dolgokat egyesével lássuk. De ha így a lapon belül is lehatárolok egy kisebb lapot, akkor már talán nem kell szétszedni a könyvet. Szóval ez egy praktikus megoldás.

> **„…játék van, meg öröm. Békesség és szabadság”**

Az ember általában azt rajzolja, amit lát, ha nem konceptuális, és azt rajzolja, amit kigondol, ha konceptuális. Én sokáig azt rajzoltam, amit kigondoltam, mert rangon alulinak tartottam, hogy azt rajzoljam, amit látok. Mert azt gondoltam, hogy amit én látok, azt bárki más is látja. De ma már nincs ilyen vágyam, hogy más is lássa azt, amit én látok vagy amit én festek. Ma már csak

K. B.: During your mail art and conceptual period, you had very intense and far-reaching contact with international artists. A component of your work was an awareness of this network, which you referred to by using [rubber] stamps containing stock correspondence phrases. However, in your recent works, such representations of the artistic scene have almost completely disappeared, and in this respect, they appear to be images of creative solitude. Do you still have any personal connection to this intellectual milieu?

G. P.: I no longer have any direct or personal contact with artists. They're not even important anymore. It's much more important that my drawings have connections, not to contemporaries and not even to the past, but to the whole! That is art itself! What I try to connect with is art itself... because it's *there*! Perhaps that's what one realises as they get older, that *art exists*... This is an old age thing. Because when you're young, you always want to join in whatever is new. Because you don't know that behind what's new is the continuous, the inexhaustible... there are inexhaustible reserves. And a person approaches this as they get older, they start to search for it... my early works were cutting edge... but as for my current works: *anything goes*! These drawings can connect to antique art, to frescoes, to Renaissance tapestries, even to Kandinsky... to anything... it's liberating!

> **"that's what one realises as they get older, that *art exists*..."**

K. B.: That's wonderful, Géza.

G. P.: Isn't it? Because this drawing could be a tapestry, for example. But when you look at it, you know right away it's not medieval. What lies behind it, the intention it taps into, is a much broader period, if we can even speak of periods at all.

K. B.: Do you think it is necessary to differentiate between art historical and creative periods?

G. P.: Art history has major periods, and then within these are more minor ones, and even within the oeuvres of individual artists there are periods – in most cases, but not all – and especially in the modern age, there are periods when time passes quickly. In the past, there weren't such big shifts. Classicism was the last period in the history of art when an artist could live his whole creative life pursuing a single style. Somewhere in the mid-nineteenth century,

magamnak festek, mert az embernek idővel mániái lesznek, ha fest. De ezek a kényszerképzetek, hogy azonnal meg akarok festeni valamit, amilyen hirtelen jönnek, ugyanolyan gyorsasággal jelentéktelenné is válnak a következő pillanatban.

B. K.: Örömet okoznak neked ezek a rajzok?

P. G.: Hát persze, nagyon! A színek! Jó színeket látni! És maga a csinálás és az időtöltés, és hát az, ha jól sikerül, mint itt az égbolt... Még bele is írtam: „Borús idő Telki fölött". Mert annyira szép volt a felhőzet, hogy azonnal úgy éreztem, hogy bele kell írnom ezt a rajzba. De valójában annyira írottszerű lett a felhőzet is, hogy amikor beleírtam, nem is látszott a különbség rajz és szöveg között, elolvasni se lehet, szóval a képbe beleolvadt a szöveg, úgyhogy még egyszer a hátuljára is odaírtam.

B. K.: A mail art, meg a konceptuális korszakod idején nagyon intenzív és szerteágazó kapcsolatban voltál nemzetközi művészekkel, a munkáidnak alkotóeleme volt a network meglétének tudatosítása, ahogy erre a levelezésben használatos fordulatok pecsétként való megjelenítésével utaltál is rendszeresen. A mostani műveidből azonban szinte teljesen eltűnt a művészeti színtér effajta megjelenítése és ebből a szempontból az alkotói egyedüllét képeinek tűnnek. Kapcsolódsz-e még emberileg bármilyen módon ehhez a szellemi közeghez?

P. G.: Direkt és személyes kapcsolódásom nincsen már művészekhez. Nem is fontosak többé. Sokkal fontosabb, hogy tulajdonképpen a rajzaimnak van kapcsolódása, csakhogy nem a kortársakhoz, de nem is az elmúlthoz, hanem az egészhez! Ez maga a művészet! Amihez próbálok kapcsolódni, az maga a művészet, mert... *van!* Lehet, hogy ez az, amire az ember idősen rájön, hogy *van művészet...* Ez egy öregkori dolog. Mert fiatalkorban az ember mindig a legújabbhoz akar kapcsolódni. Mert nem tudja, hogy a mindenkori legújabb mögött van egy folyamatos, egy kimerít-

„az ember idősen rájön, hogy *van művészet...*"

it became possible to distinguish two periods within a single oeuvre. Barbizon artists were probably the first to change at some point in their lifetime. It wasn't a big shift, but still a shift. Before them, there was only Goya... I see Goya as the first wise painter, the first to have a vision, and his oeuvre could have taken shape differently. But he consciously embraced his old age and made deliberate choices about his late works, for example. The late Goya pieces are brilliant and therefore very modern, because it was a world of his own choosing, which is reflected in his work.

It's also true that before the nineteenth century an artist had little choice. His sociological situation was such that he had no choice. Dürer was an exception, but Dürer was not exclusively an artist. Dürer was a diplomat and many other things. He was a favourite of the royal court, but not just as a painter – while also as a painter, among other things – but he was more interesting as a phenomenon, as an intellectual, as a thinker. He was absolutely the exception. After him, in fact, only Goya was comparable, I think.

K. B.: At the same time, it's perhaps also true that before the twentieth century, it was considered rather "negative" for an artist to change his style, and it didn't really happen. Because the clients liked an artist to have a recognisable style – they were used to it; they expected it.

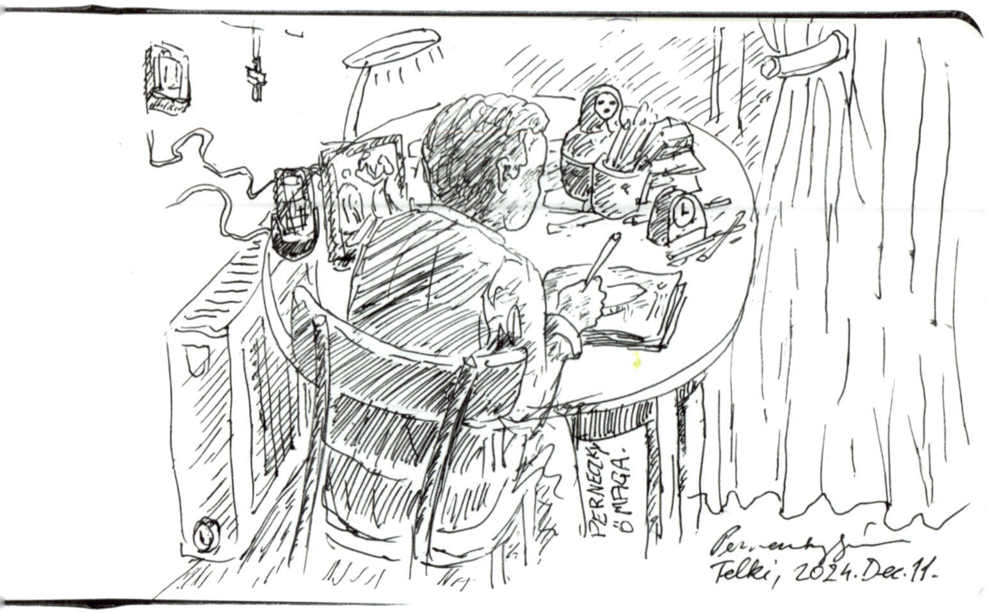

hetetlen. Kimeríthetetlen tartalékok vannak. És ehhez közeledik az ember, ha megöregszik, ezt kezdi keresni... A korai munkáim élenjáró munkák... a mostaniak meg: *bármi*! Ezek a rajzaim még az ókori művészethez is kapcsolódhatnak, a freskókhoz, vagy a reneszánsz gobelinekhez, vagy Kandinszkijhoz... bármihez... és ez felszabadító!

B. K.: Ez nagyon szép, Géza!

P. G.: Ugye? Mert hát ez a rajz például lehetne egy faliszőnyeg. De ha ránézel, mégis rögtön tudod, hogy nem középkori. Ami mögötte van, az a cél, amelybe belenyúl, az egy sokkal nagyobb korszak, ha egyáltalán szabad korszakokról beszélnünk.

B. K.: Szerinted kell művészettörténeti és alkotói korszakokról beszélni?

P. G.: A művészettörténetnek vannak nagy korszakai, aztán azokon belül vannak kisebb korszakok, sőt, az egyes életműveknek is vannak korszakai – legalább is a legtöbb esetben, de nem mindenkinél –, különösen a modern korban vannak korszakok, amikor az idő gyorsan folyik. Régen nem voltak ilyen nagy váltások. A klasszicizmus volt az utolsó olyan művészettörténeti korszak, ahol egy művész az egész életét leélhette egyetlen stílus jegyében. Valahol a 19. század közepén kezdődött el, hogy egy életművön belül lehetett két korszakot is megkülönböztetni. A barbizoniak voltak körülbelül az elsők, akik egy életen belül valahol váltottak egy kicsit. Nem nagyot, de váltottak. Előttük csak Goya volt... én úgy látom, hogy Goya az első bölcs festő. Az első, akinek volt távlata, és alakulhatott volna másképp is az életműve, de ő tudatosan választotta az öregkorát és a kései műveit például. A kései Goyák zseniálisak, és ebből kifolyólag nagyon modernek is, mert ez már egy választott világ volt, ami látszik a művein.

Mondjuk az is igaz, hogy a 19. század előtt nem nagyon volt választása egy művésznek. A szociológiai helyzete se volt olyan, hogy válogathatott volna. Dürer kivétel, de Dürer nem is volt kizárólag művész. Dürer diplomata

PERNECZKY GÉZA
Perneczky ő maga
(egy lap a *Perneczky Géza második rajzfüzete* című rajzfüzetből)
2024
(42. kat. sz.)

GÉZA PERNECZKY
Perneczky himself
(a sheet from the *Second Drawing Book of Géza Perneczky*)
2024
(cat. 42)

G. P.: Absolutely, it's a modern idea to always have to do something new. Quite simply, the very notion of engaging with time as such, as a problem, as a task – is also new. Because in the past, time stood still. Or moved only very slowly. An awareness of time began in the Renaissance. "Oh, I'm living in an era when we can discover ancient art" – that was the first. And then the artist either made that discovery or didn't. Piero della Francesca, for example, didn't. But Andrea Mantegna did. And they were contemporaries...

K. B.: What is your attitude to the passing of time, to ageing?

G. P.: I'm basically an upbeat person, but I'll tell you what I think about eternal life and life after death. Of course, this is just an ad hoc, improvisational argument, and I've only thought about it once, because it's not good to think about such things. I just can't imagine that human life can end, just like that – that it can end absolutely, with nothing afterwards. To think that if one dies, this form of intelligence and the individual who carries it will be destroyed forever – that is a very anthropocentric, sentimental notion. Either me or nothing! So it doesn't add up somewhere, and if it doesn't add up, it can only be that there are layers of successive dimensions... the world is layered like puff pastry. It's not like there's just one, and then bang... it's over and they ring the bells and then even the gods in heaven are shaken, right? No, it's not like that... So, I imagine that when we die,

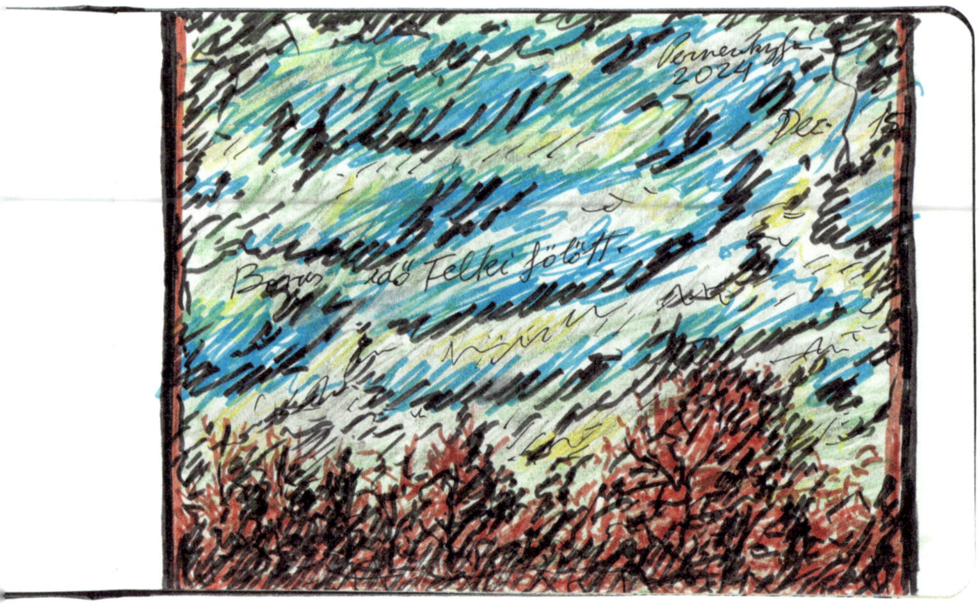

volt és sok minden más. A királyi udvar kedvence volt, de nemcsak mint festő – mint festő is, úgy mellesleg –, de inkább mint jelenség, mint értelmiségi, mint gondolkodó volt érdekes. Ő abszolút kivétel, és utána tulajdonképpen csak Goya volt hozzá hasonló, azt hiszem.

B. K.: Közben talán az is igaz, hogy a 20. század előtt inkább „negatív" felhangú dolog volt, ha egy művész váltogatta a stílusát, valójában nem is fordult elő. Mert a megrendelők azt szerették, ha egy művésznek felismerhető stílusa van, azt szokták meg, azt várták el.

P. G.: Abszolút így van, modern kori dolog az, hogy mindig újat kell mutatni. Meg hát egészen egyszerűen az idővel való foglalkozás mint olyan, mint probléma, mint feladat, az is új. Mert régen az idő állt. Vagy csak nagyon lassan haladt. A reneszánsszal kezdődött az, hogy van egy időtudat. „Aha, én élek, egy olyan korszakban, amikor az antik művészetet fel lehet fedezni" – ez volt az első. És akkor a művész ezt a felfedezést vagy megtette, vagy nem. Piero della Francesca például nem tette meg. De Andrea Mantegna megtette. Pedig kortársak voltak...

B. K.: Te hogy állsz az idő múlásához, az öregedéshez?

P. G.: Én alapvetően vidám ember vagyok, de akkor most elmondom, hogy mit gondolok az örök életről és a halál utáni életről. Persze ez csak egy ad hoc improvizációs érvelés és csak egyszer gondolkodtam rajta, mert azért ilyen dolgokról nem jó gondolkodni. Egyszerűen nem tudom elképzelni, hogy az emberi életnek így pakk... egyszer csak abszolút vége legyen, úgy, hogy utána aztán nincsen semmi. Az, hogy az ember azt hiszi, hogyha meghal, akkor az intelligenciának ez a formája és a hordozója, egyedenként örökre elpusztul – ez valami nagyon antropocentrikus, patetikus gesztus. Vagy én, vagy a semmi! Szóval ez nem stimmel valahol, és ha ez nem stimmel, akkor csak az lehet, hogy rétegesek az egymást követő dimenziók... a világ egy rétestészta. Nem olyan, hogy van egy, és akkor bang... vége, és meghúzzák a harangokat, és akkor még az istenek is

PERNECZKY GÉZA
Borús idő Telki fölött
(egy lap a *Perneczky Géza második rajzfüzete* című rajzfüzetből)
2024
(42. kat. sz.)

GÉZA PERNECZKY
Overcast Sky over Telki
(a sheet from the *Second Drawing Book of Géza Perneczky*)
2024
(cat. 42)

another life begins in another world, maybe one dimension above or below, and if the dimensions alternate, then the richer, more complex worlds just resemble each other because they are born from each other. So the material is the same, you could say, but it's just in different dimensions maybe.

K. B.: Is it important to you what you leave behind?

G. P.: Of course, people are vain and always feel that everything they have ever done is important. You must not get attached to things! It's a characteristic of young people that they struggle so much, let's say, to learn how to draw even an ashtray, and if the ashtray or the drawing is lost afterward, they see it as the end of the world. This is youthful inexperience. For instance, I've already forgotten the details of the drawings I gave to the Museum of Fine Arts. Now, to my great surprise, I see them again and think, "Oh, wow, really." Indeed, they'd completely faded from my consciousness. Now that I see them again, I can remember them, but that's it.

But on the whole, I think that the Perneczky oeuvre is so large and so diverse that I don't need to hold on to my works and worry, oh my, what if I'm forgotten by humanity? It's nice to know that I've done so much that some of it is bound to survive, if not this, then that, but definitely something. Of course, posterity is unpredictable – who knows what will be remembered, what will be forgotten, what will be deliberately buried. But I know that I've done so much that these oscillations won't affect my life's work.

I've felt this for the past fifteen or twenty years, and this makes me more relaxed. And in this mindset what a person does in their daily work, in their painting, is only that specific kind of compulsion, when one suddenly has the urge to do that painting today, otherwise the world will end. And then comes the unfortunate case, which is quite common, that when the picture is done, it turns out bad; it didn't work, or it can't actually be done. In the best-case scenario, you figure out why it didn't work and then you go on and try again. Life is like that; it goes on and on and life is full of the same hazards as it was fifteen or twenty years ago. This doesn't change. By hazards I mean the new, the unpredictable, something that has to be overcome, that has to be averted. If there are no more hazards in a person's life, then they've grown old, then they can die.

belerázkódnak a mennyországban, ugye? Nem, ez nem így van... Szóval úgy képzelem, hogy ha meghalunk, akkor egy másik élet kezdődik egy másik, egy dimenzióval talán több vagy kevesebb világban, és ha a dimenziók váltják egymást, akkor a gazdagabb, összetettebb világok csak hasonlítanak egymásra, mert egymásból születtek. Tehát az anyag az ugyanaz, ezt lehet mondani, csak mégis más-más dimenzióban van esetleg.

B. K.: Fontos neked, ami itt marad utánad?

P. G.: Az ember persze hiú és mindig azt érzi, hogy minden fontos, amit valaha csinált. De nem szabad ragaszkodni a dolgokhoz! Az a fiatalok tulajdonsága, hogy mondjuk olyan nagy küzdelemmel érték el, hogy le tudnak rajzolni egy hamutartót is már, és ha utána a hamutartó elvész, vagy a rajz, akkor a világ végét látják. Ezek ilyen fiatalos tapasztalatlanságok. Például a rajzaimnak is, amiket a Szépművészeti Múzeumnak adtam, a részleteit már elfelejtettem. Most látom nagy meglepetéssel, hogy jé, tényleg. Valójában a tudatvilágomból ezek teljesen kiszűrődtek. Most, hogy újra látom őket, újra tudok rájuk emlékezni. De ennyi.

De összességében én azt gondolom, hogy a Perneczky-életmű olyan nagy és annyiféle, hogy nekem nem kell a munkáimhoz ragaszkodnom és azon aggódnom, hogy jaj csak el ne felejtse ezeket az emberiség. Az jó érzés, hogy tudom, hogy annyi mindent csináltam, hogy egy része biztos, hogy fennmarad, ha nem az egyik része, akkor a másik, de valami biztos. Az utókor persze kiszámíthatatlan, hogy mi az, amit elővesznek, mi az, amit elfelejtenek, mi az, amit direkt elásnak. De tudom, hogy annyi mindent tettem, hogy az ilyen hullámzásoktól független az életművem. Ezt nagyjából 15-20 éve érzem, és így akkor az ember lezserebb. És ebben a szellemben akkor az, amit az ember a napi munkájában, a festésben csinál, az már csak az a bizonyos mánia. Hirtelen rájön az emberre a késztetés, hogy ma meg kell csinálni azt a képet, különben jön a világvége. És akkor jön a peches eset, ami elég gyakori, hogy amikor kész a kép, akkor

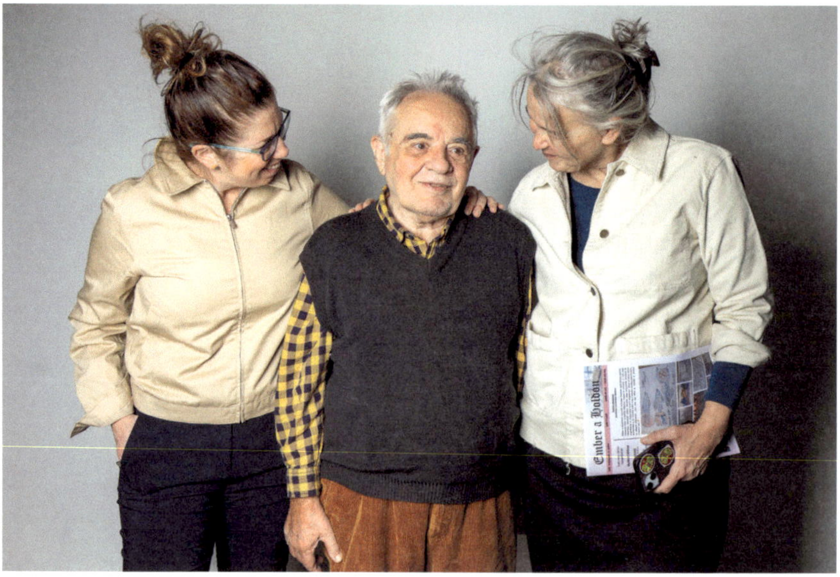

K. B.: Are you satisfied with your life? Do you live a full life, have you lived a full life? How do you see it?

G. P.: In every life there are some setbacks, and there are also failures. I don't think there is a life in which everything succeeds. Plato is supposed to have succeeded in everything, but there's no way to verify that. That Picasso succeeded in everything is more true on the level of public relations. But in his personal life we know it's absolutely not true. We know he had very serious crises, and his private life was at times as troubled as it gets. And it is definitely not true that "great art comes from great crises". Because old masters did not have great crises, there was no opportunity for a crisis, and yet the art was still great.

I'm lucky because I never had such a spectacular failure that the whole world would have noticed – whatever I mean by world. My defection could have been like that if I'd failed. My departure was not stormy, because I was actually "sent"; it was only stormy in the immediate family, because my father, who was traditional, believed that if his son left the homeland, he would have to commit suicide. He grew up in that kind of world. But thank God it was only a thought. It's sad that my father did not survive communism, because he was always preparing for what would happen when the system collapsed. My mother lived through the regime change,

kiderül, hogy rossz lett, hogy nem sikerült, vagy nem is lehet valójában megcsinálni. Jobb esetben az ember rájön, hogy miért nem sikerült és akkor megy tovább, újra próbálkozik. Az élet ilyen, mindig megy tovább, és az élet tele van azokkal a veszélyekkel, amelyekkel 15-20 évvel ezelőtt is tele volt, ez nem változik. A veszély alatt értem az újdonságot, a kiszámíthatatlant, valami olyat, amin túl kell jutni, amit el kell hárítani. Ha nincs több veszély az ember életében, akkor az ember megöregedett, akkor meg is lehet halni.

B. K.: Elégedett vagy az életeddel? Teljes életet élsz, éltél? Hogy látod?

P. G.: Minden életben vannak kisebb-nagyobb hézagok, és vannak bukások is, olyan élet nincs szerintem, hogy minden sikerüljön. Platónnak sikerült minden állítólag, de hát ezt nem tudjuk ellenőrizni. Az, hogy Picassónak minden sikerült, az inkább a *public relation* szintjén igaz. Személyesen abszolút nem igaz, tudjuk, hogy nagyon súlyos krízisei voltak, a magánélete néha olyan zűrös volt, hogy annál zűrösebb már nincs is. Az meg végképp nem igaz, hogy „a nagy művészet a nagy krízisekből jön". Mert a régi művészetnek nem voltak nagy krízisei, nem volt alkalma arra, hogy krízise legyen, és attól függetlenül nagy volt.

Én szerencsés vagyok, mert olyan látványos bukásom, hogy az egész világ felfigyelt volna rá – mondjuk mindegy, hogy most világon mit értek –, szóval ilyen nagy bukásom nem nagyon volt. A disszidálásom lehetett volna ilyen, ha nem sikerül. A távozásom nem volt viharos, hiszen valójában „küldtek", az csak a szűk családban volt viharos, mert apám, aki tradicionális világban élt, úgy gondolta, hogy ha a fia elhagyja a hazát, akkor neki öngyilkosnak kell lenni. Ő ilyen világban nőtt föl. De hála istennek ez csak gondolati szinten merült fel nála. Hogy apám végül nem élte túl a kommunizmust, az szomorú dolog, mert ő mindig spórolt arra, hogy mi lesz, ha ez a rendszer egyszer összedől. Az anyám még éppen megélte a fordulatot, de az 1990-es évek elején már nagyon

Perneczky Géza Bódi Kinga és Aknai Katalin művészettörténészek társaságában Telkiben 2024

Géza Perneczky with art historians Kinga Bódi and Katalin Aknai in Telki 2024
Fotó / Photo:
© DEBRE Krisztina

but she was already very old in the early 1990s, and then suddenly, within a month or two, she collapsed and her mind shut down completely, although she'd otherwise been a very sharp woman. She deteriorated much more quickly mentally than physically. It was sad to see; old age is always a bit sad, however you look at it.

K. B.: How is it that you haven't aged, either mentally or physically?

G. P.: Now you've surprised me. No one has ever asked me that before, so I don't have a ready answer. For me, it's perfectly normal that I don't age. If one doesn't age, one doesn't think about ageing. So wait, I have to think about it... I've got a fortunate temperament. I inherited a lot of my mother's youthful vigour; she was very energetic for a very long time. But what keeps me young, what keeps me the same as I was twenty years ago? That's a very good question, but I can't answer it. I can only say that I'm fortunate. I am very fortunate that I'm a cheerful person and that I have these genes. These are given traits. And of course, I've learned so much in the past, in the decades before, that I have a reserve and I can still stay relatively sharp. So, I'm not falling into nothingness but bringing with me the rich decades of my past.

> **"For me, it's perfectly normal that I don't age."**

Telki, 19 December 2024

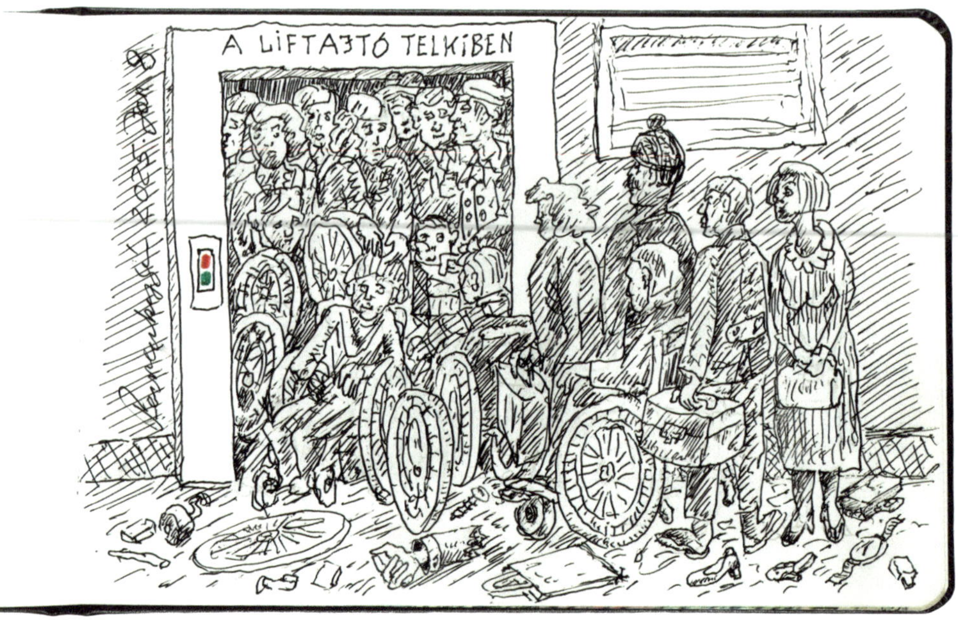

öreg volt, és aztán hirtelen, egy-két hónap alatt összeroppant és a gondolkodása is teljesen leállt, pedig különben nagyon éles eszű asszony volt. Szellemileg hamarabb omlott össze, mint fizikailag. Szomorú volt ezt látni, az öregség mindig kicsit szomorú, akárhogy nézzük is.

B. K.: Te miért nem öregszel sem szellemileg, sem fizikailag, Géza?

P. G.: Most megleptél. Ezt még senki nem kérdezte tőlem. Úgyhogy nincsen bejáratott válaszom erre. Számomra teljesen természetes, hogy nem öregszem. Ha az ember nem öregszik, akkor nem is gondol rá. Szóval várj, gondolkodom kell… Szerencsés alkat vagyok. Anyámtól örököltem nagyon sokat a fiatalos lendületből, ő nagyon sokáig lendületes volt. De hogy mi tart frissen, hogy mitől vagyok még mindig én, olyan, mint húsz évvel ezelőtt? Ez nagyon jó kérdés, de nem tudok válaszolni. Csak azt tudom mondani, hogy szerencsém van. Nagy szerencsém van, hogy vidám alkat vagyok és hogy ilyen génjeim vannak. Ezek adottságok. És hozzátartozik persze, hogy annyit tanultam korábban, a korábbi évtizedekben, hogy van tartalékom, és még mindig viszonylag friss tudok maradni. Így nem a semmibe esek bele vagy fejlődöm bele, hanem hozom magammal az elmúlt és tartalmas évtizedeimet.

„Számomra teljesen természetes, hogy nem öregszem."

Telki, 2024. december 19.

PERNECZKY GÉZA
A liftajtó Telkiben
(egy lap a *Perneczky Géza második rajzfüzete* című rajzfüzetből)
2024
(42. kat. sz.)

GÉZA PERNECZKY
At the Elevator Door in Telki
(a sheet from the *Second Drawing Book of Géza Perneczky*)
2024
(cat. 42)

BIOGRAPHY

Géza Perneczky was born in 1936 in Keszthely, Hungary.

After successfully completing his studies in Budapest in music (piano and conducting) (1954–1957), he continued his studies in art history at Eötvös Loránd University (1957–1962), and then worked as a publishing editor.

From 1965 to 1970, he was an art critic of “undisputed authority” for the newspaper *Magyar Nemzet* and the journal *Élet és Irodalom*, a presenter for Hungarian Television, and an author of studies and books on art and art theory.

In 1970, he emigrated to Cologne, where he worked as a secondary school teacher and a freelance contributor for radio stations, art institutions, and museums until 2001, while also working as a visual artist.

In the 1970s, he made conceptual works and photographs as well as experimental films. In 1973, he joined the post-Fluxus art movements of the 1970s and 1980s (stamp art, mail art, book art), and from 1984 onwards he was mainly interested in painting, music, and the dimensions of time. In the 1980s, he produced a series of more than eight hundred *String Pictures*, images containing repetitive keyboard motifs with strong musical associations, also known as “acoustic carpets”. Between 1990 and 2010, he published numerous books, essays, and art history studies on modern and contemporary art, and curated the Softgeometry Archive, a collection he established of mail art and “artefacts” of international art and network movements. In addition, in the early 2000s, he produced a series of watercolour paintings of everyday life under the title *Extremely private*.

In 2024, he moved back to Hungary.
He still draws today.

Yours ever,

ÉLETRAJZ

Perneczky Géza 1936-ban született Keszthelyen.

A felsőfokú zeneművészeti – zongora és karvezetés szakirányú – tanulmányok (1954–1957) sikeres befejezése után az Eötvös Loránd Tudományegyetem művészettörténet szakán folytatta tanulmányait (1957–1962), majd könyvkiadói szerkesztőként dolgozott.

1965-től 1970-ig a *Magyar Nemzet,* illetve az *Élet és Irodalom* „megkérdőjelezhetetlen tekintélyű" műkritikusa, a Magyar Televíziónál moderátor, s ezek mellett képzőművészeti, művészetelméleti tanulmányok és könyvek szerzője volt.

1970-ben Kölnbe emigrált, ahol 2001-ig középiskolai tanárként, illetve rádiók, művészeti intézmények, múzeumok szabadúszó munkatársaként dolgozott, miközben alkotóművészként is tevékenykedett.

Az 1970-es években konceptuális munkákat és fotókat, valamint kísérleti filmeket készített, 1973-tól részt vett az 1970–1980-as évek post-fluxus mozgalmaiban (stamp art, mail art, artist's books), majd 1984-től elsősorban a festészet, a zene és az idő dimenziói foglalkoztatták. Az 1980-as években készítette a több mint 800 darabot számláló ún. *String Pictures* összefoglaló című, erős zenei asszociációkat keltő, „akusztikus szőnyegeknek" is nevezett, ismétlődő billentyűs motívumokat ábrázoló képsorozatát. 1990 és 2010 között számos könyve, esszéje és művészettörténeti tanulmánya jelent meg modern és kortárs művészeti témákban, valamint az általa létrehozott Softgeometry Archive mail art és a nemzetközi művészeti és network áramlatok *artefact*jait tartalmazó gyűjteményét gondozta. Emellett a 2000-es évek elején *Extrém privát* összefoglaló címmel életképeket ábrázoló akvarellsorozatokat készített.

2024-ben hazaköltözött Magyarországra.
Napjainkban is rajzol.

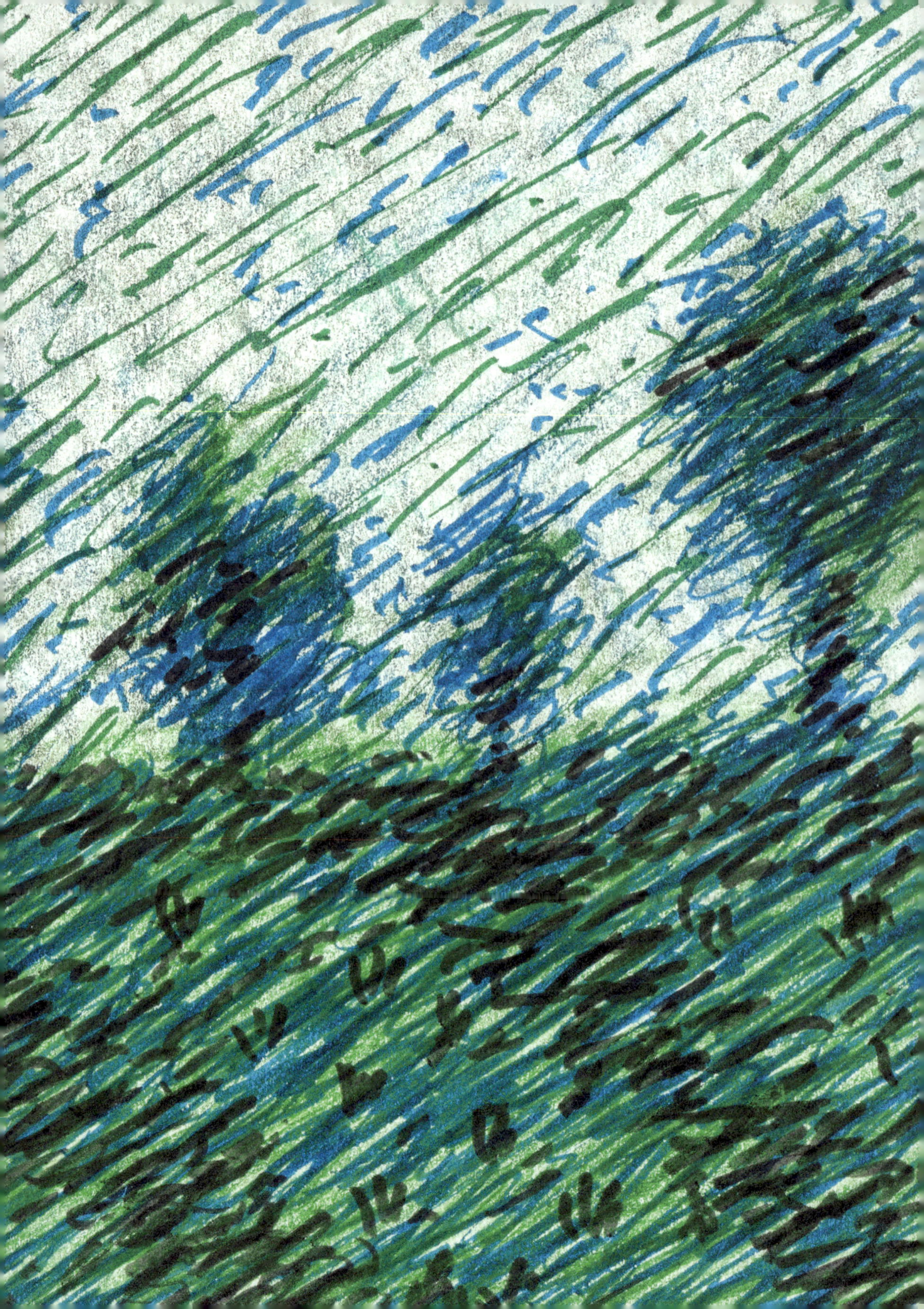

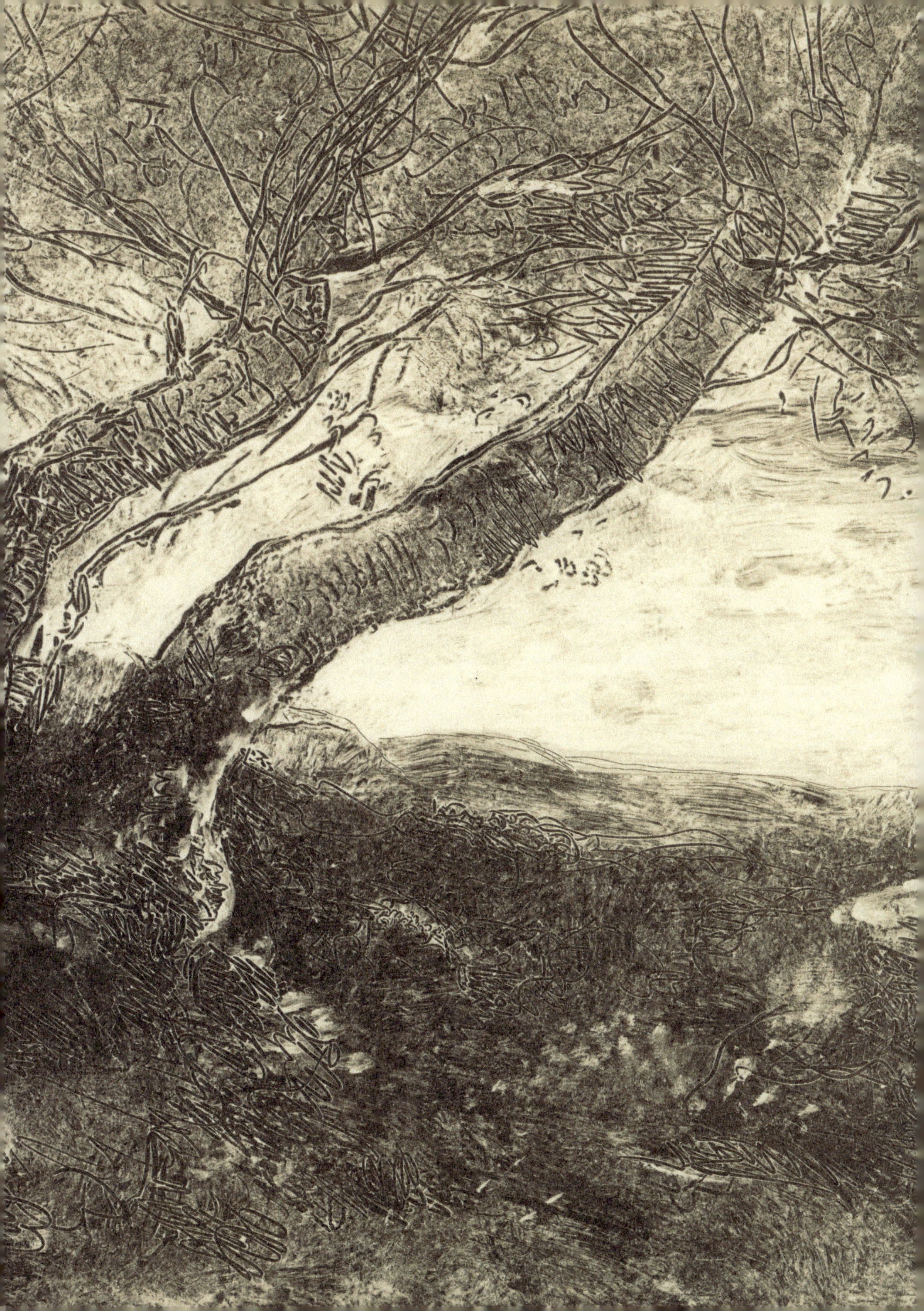

ARS LONGA, VITA BREVIS

EXAMPLES OF THE DIVERSITY OF OEUVRES FROM THE LATE PERIOD OF ARTISTS

Kata Bodor

...*vita brevis* – Looking back over thousands of years of art history, the lives of almost all artists – regardless of how long they lived – seem short. It is astonishing to consider, however, that some careers lasted scarcely a decade or even less. Arthur Rimbaud composed his entire poetic oeuvre in just three years. Yet, because his art has proved enduring – *ars longa* – his name and his poems have lived on.

Rimbaud's contemporary counterpart in the visual arts, Gaston Eychenne, had only just begun to explore his talents when his life was cut short by sudden illness. Egon Schiele's life and career also came to an end in his late twenties, while Vincent van Gogh and Henri de Toulouse-Lautrec were in their mid-thirties. Yet, although their entire active periods were shorter than individual phases in the careers of other artists, we can still speak of a mature, well-honed, or even a late period of creativity. Francisco de Goya, on the other hand, reached an unusually advanced age given the era in which he lived, while Édouard Manet passed away at fifty-one, considered a typical old age in the nineteenth century. Pablo Picasso, Joan Miró, Gerhard Richter, and Judit Reigl not only lived long lives but also produced extensive oeuvres consisting of thousands of works, thus making possible a more detailed examination of their oeuvres in relation to their age. While time is not the only factor that shapes creative thinking, it is certainly a part of the equation. The range of life paths and oeuvres cannot be examined scientifically as no common lessons or universal truths can be drawn from it. However, patterns can be discerned in the behaviours that emerge at the culmination of artistic careers – common responses to the passage of time, to the artistic lifestyle, and to the sometimes blessed, sometimes cursed nature of creative thinking. These "reactions" (in other words the artworks themselves) reveal forward-looking or, conversely, disheartening strategies that have undoubtedly shaped and continue to influence the history of art.

ARS LONGA, VITA BREVIS

PÉLDÁK A MŰVÉSZI ÉLETMŰVEK KÉSEI KORSZAKAINAK SOKFÉLESÉGÉRE

Bodor Kata

...*vita brevis* – a művészet több ezeréves történetének távlatából nézve majd minden alkotó élete – függetlenül az éveik számától – rövidnek tűnik. Megdöbbentő azonban azzal szembesülni, hogy némely pályafutás valójában alig egy évtizedet ölelt fel, olykor még ennyit sem. Bár Arthur Rimbaud egész költői életműve három év alatt született meg, neve és versei fennmaradtak, hiszen – *ars longa* – alkotásai maradandónak bizonyultak.

Rimbaud képzőművészeti párhuzama kortársa, Gaston Eychenne szinte még csak szárnyait bontogatta, amikor egy hirtelen jött betegség véget vetett életének. Egon Schiele is húszas éveinek végén fejezte be pályafutását, míg Vincent van Gogh és Henri de Toulouse-Lautrec harmadik évtizedük derekán. Mégis indokolt lehet esetükben is érett, kiforrott vagy akár késői alkotói korszakokról beszélni, akkor is, ha más művészek egy-egy alkotói korszaka sokszor hosszabb, mint az említettek egész *œuvre*-je. Francisco de Goya saját korában szokatlanul magas kort ért meg, amihez képest Édouard Manet ötvenegy éve átlagos öregkornak számított az 19. században. Pablo Picasso, Joan Miró, Gerhard Richter és Reigl Judit művészete nem csupán magas koruk, hanem több ezer művet felölelő életművük miatt is megfelelő módon vizsgálható alkotás és alkotói életkor viszonylatában. Az idő nem az egyetlen tényező, amely az alkotói gondolkodást formálja, de kétségtelenül feltétele annak. Az életutak és életművek különbözősége olyan adottság, amely nem lehet tárgya a tudományos megközelítésnek, hiszen közös tanulságok vagy mindenkire érvényes igazságok nem vonhatók le belőle. A pályák végén kirajzolódó viselkedési formák esetében azonban megállapíthatók párhuzamok, egy tőről fakadó reakciók egyrészt az idő múlására, másrészt a művészi életformára, a kreatív gondolkodás olykor áldásos, olykor átkos voltára. A kései alkotásokból kirajzolhatók

I

"I wanted to give ear to ... but the great dark man broke the music in their string."[1] – Egon Schiele

The question of creative periods is a field of research that belongs – for the most part – to art historians rather than artists. From the artist's perspective, an oeuvre changes organically and periodisation interests them even less than their age. Artists do not think like art historians, who examine their careers in their historical context, perhaps finding their older works better than their most recent ones, or vice versa. For an artist, the latest work is always more interesting, otherwise why start something new? Those who are content often become stagnant, as they lack motivation to move on. "I don't know what's going on with me at the moment, but I'm overcome with a kind of compulsion to rework my old paintings", Picasso said in 1946.[2] Artists must be driven if not by fervour then surely by some kind of impetus to avoid producing the same work repeatedly. Recognition of this force raises the question: what is the shortest time span that can be termed a period? How many years or works are required for a stylistic unity to take shape? With this in mind, it is worth examining short oeuvres and attempting to identify true stylistic shifts – even within a single decade – distinguishing them from mere variations that arise in the course of artistic exploration.

Of his twenty-nine years, Gaston Eychenne (1873–1902) was granted only three to secure a place for his works on gallery and museum walls.[3] His experimental prints caught the attention of art dealer Charles Hessele,[4] who recognised in them both progressivity and the echoes of contemporary trends. Eychenne demonstrated a creative approach undeterred by challenges in his choice of the colour etching technique, one of the most demanding of all reproduction techniques, requiring exceptional manual skill and determination in the meticulous preparation of the copper plates. In the spirit of the experimental movements of the late nineteenth century, artists sought to revitalise the centuries-old copperplate etching method through the addition of colour. This process is far more intricate and refined than the painterly lithography or the more rustic woodcut. Moreover, its dense yet never overlapping, meticulously crafted grid of lines resists painterly effects. Artists, therefore, sought to achieve this quality through the use of multiple colours.

azok az előremutató vagy éppen elszomorító stratégiák, amelyek a művészet történetét bizonyosan formálták és formálják ma is.

I.

„Hallgatni akartam […] csakhogy húrjaik zengését összetörte a hatalmas fekete férfi."[1]
Egon Schiele

Az alkotói korszakok kérdése – többnyire – nem a művészek, hanem a művészettörténészek kutatási terepe. Az életmű az alkotó szempontjából organikusan változik, s korszakolása még annyira sem foglalkoztatja az alkotókat, mint az életkoruk. A művészek nem úgy gondolkodnak, mint az őket történetiségükben vizsgáló művészettörténész, aki esetleg a régi munkákat jobbnak tarthatja, mint a legfrissebbeket, vagy fordítva. A művész mindig a legújabb munkáit tartja érdekesebbnek, egyébként miért kezdene új mű alkotásába? Akik elégedettek, azok többnyire megragadnak egy ponton, hiszen nincs motiváció a továbblépésre. „…mostanában […] valami különös indulat működik bennem, hogy átdolgozzam a régi képeimet"[2] – mondta Picasso 1946-ban. Ha nem is indulatot, de valamifajta mozgatóerőt az alkotónak bizonyára éreznie kell, hogy ne ugyanazt alkossa újra és újra. Ezt az erőt kitapintva felmerül annak a kérdése, hogy mi az a legkisebb szakasz, amit korszaknak nevezhetünk? Hány év, mennyi mű kell ahhoz, hogy egy stílusegység formát öltsön? Érdemes ezt szem előtt tartva tekinteni a rövid életművekre, és megkísérelni akár egy évtizeden belül is felismerni a valódi stílusváltást és megkülönböztetni attól, amikor csak a változatok mentén zajló művészi útkereséssel van dolgunk.

Gaston Eychenne-nek (1873–1902) huszonkilenc évéből[3] mindössze három jutott arra, hogy alkotásaival helyet vívjon ki a galériák és múzeumok falain. Kísérletező jellegű sokszorosított grafikáival felhívta magára Charles Hessele műkereskedő[4] figyelmét, aki az újítószellemet és a kor divatos irányzatainak visszhangját egyszerre fedezte fel bennük. A színes rézkarc technikájának

The result was fragmented, raucous, discordant surfaces. Experimenting with a combination of techniques (crackle, embossing, aquatint), Eychenne achieved remarkable feats, evident even in his few surviving works; in a letter to Maurice Denis, he himself noted that a new style was emerging. While his engravings had an air of Japonisme, it was fused with Western progressivism. Despite his brief career, his first works cannot be confused with his last, although the latter were only dubbed "late" – using the traditional art historical practice of periodisation – following his early death.

At the age of sixteen, Egon Schiele (1890–1918) was admitted to the prestigious Academy of Fine Arts in Vienna, known for its conservative teaching methods, but left at the age of nineteen. He met Gustav Klimt, who was then at the height of his career, and was profoundly influenced by the elderly artist's style and method. Klimt had turned drawing into a daily routine and it served as a starting point for all his painterly endeavours. Schiele, the young "follower" transformed the older master's stylised line work into surfaces of angular, contrasting fields bound by definite contours. He replaced Klimt's bourgeois, sensuous women with portraits of himself and his loved ones. Most notably, he also painted nudes of his contemporaries – naked figures, anxious in their poverty or spiritual isolation. Schiele's rebellion was not mere provocation; it targeted the outdated systems (he believed) shackled society, criticising their inherent intellectual emptiness and the constraints imposed by conservative thinkers. He boldly presented visual evidence of dissent. His successes were intended to "legalise" his art and lifestyle, which society at the time branded as unacceptable, transgressive, and libertine. The constraints of society remained unyielding, forcing him to face the full weight of the law[5] and the loss of his patrons' support. Prison, anxiety, failure, the trauma caused by the outbreak of World War I, and then the discovery of true love in 1915 prompted him to change; lighter colours and more consolidated themes came to fill his canvases. His participation in exhibitions in Vienna, Munich, Dresden, and Pest showed him as a citizen able to support his family and navigate within the bounds of societal norms. The themes he explored in his works veered more toward artistic rather than existential problems. His nudes softened into a gentle eroticism while preserving the strong linework of his earlier drawing style. In progressive Viennese galleries, he had encountered French expressive-style modernism, while in Klimt's art he witnessed the aerial

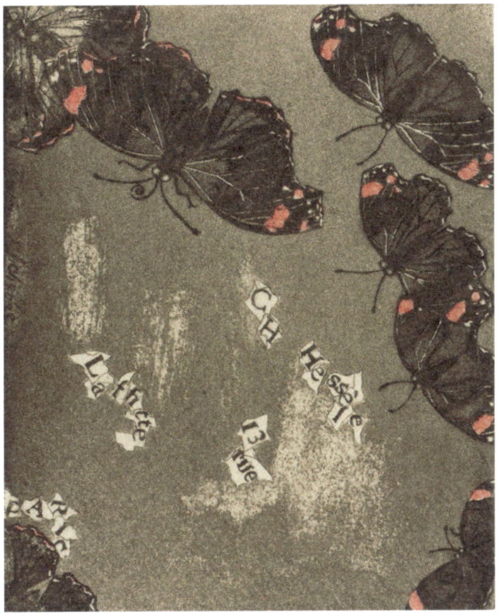

GASTON EYCHENNE
Pillangók
1900 körül
(50. kat. sz.)

GASTON EYCHENNE
Butterflies
ca. 1900
(cat. 50)

választása is a nehézségektől meg nem riadó alkotói attitűdre vallott, hiszen a rézlemez aprólékos megmunkálása és a színek alkalmazása miatt ez az egyik legnagyobb kézügyességet és elszántságot igénylő eljárás a sokszorosító technikák között. A rézkarcnak évszázados hagyományai voltak, amelyet a 19. század végi kísérletező irányzatok jegyében éppen ekkoriban igyekeztek a színek használatával friss szellemben megújítani. Ez sokkal rafináltabb, bonyolultabb eljárás, mint a festőibb litográfia vagy a rusztikusabb hatású fametszet, ráadásul az aprólékos kidolgozást megkövetelő, sűrű, de sosem összefolyó vonalháló ellenáll a festői hatásoknak - amelyre lényegében a több szín alkalmazásával törekedtek -, s gyakran széttöredező és harsány, nem összeolvadó felületek születtek. Eychenne a különféle technikák ötvözésével ért el bravúrokat (repesztéses eljárás, dombornyomás, akvatinta). Kevés számú fennmaradt művén is nyomon követhető, de egy Maurice Denis-nek írt levelében maga is megállapította, hogy új stílusa van kibontakozóban, amint japonizáló hangulatú metszetei nyugati progresszivitással ötvöződnek. Rövid életművében nem téveszthetők össze az első művek az utolsókkal, annak ellenére sem, hogy csak halálának fé-

perspective of Japanese prints. These elements were reborn in his works, his subjects shown from above, as distant, detached objects rather than threatening forces ready to strike. In his final works, the figure of his wife, Edith Harms, appears as a woman with a gentle gaze. Her arms curve in a gesture of embrace, offering shelter, but she is not devoid of eroticism. As his (as well as his wife's) death from the Spanish flu was unexpected, Schiele's artworks contain no traces of a desire for closure or an attempt to grapple with death; instead, he ventures on new paths along an optimistic, upward trajectory. Although his life was short, he nevertheless produced a complete body of work, defined by a beginning, a culmination, and various shifts.

For Vincent van Gogh (1853–1890) life was turbulent, full of physical and mental pain, failure, and self-destruction. It came to an end in Auvers-sur-Oise, where he spent his last three months, as clearly documented in his surviving letters. He arrived in the town in May 1890 with the hope of recovery, relying on the medical and spiritual support of Paul Ferdinand Gachet. Twice depicted on canvas and in etchings, Dr. Gachet was at home in the world of art, an amateur artist himself and no stranger to the "melancholy" that so often struck artists. A euphemism at that time for depression, this melancholy is what turned the doctor into Van Gogh's soulmate. By then, Van Gogh had undergone more than six months of psychiatric treatment, having experienced numerous panic attacks and a variety of neurotic illnesses. For years, he had suffered from a psychological crisis caused by a severely negative self-image. After his meeting with the art-connoisseur doctor, he determined: "I think that we must in no way count on Dr. Gachet. In the first place he's iller than I am..." Later, however, he said: "I really think that I'll stay friends with him."[6] In fact, a friendship did not seem impossible. Gachet encouraged him to create, and in response, Van Gogh worked feverishly, at breakneck speed, from May to July, producing seventy-four paintings and other drawings, as well as the only etching in his oeuvre, a portrait of Dr. Gachet. He also painted two likenesses of Gachet that are closely related to his self-portrait executed in the hospital in Saint-Rémy a year earlier. The painter's enthusiasm for the genre of portraiture is also evident from his correspondence with his brother, in which he wrote of his desire to develop a modern portrait and specifically of his interest in expressions of the soul rather than photograph-like depictions. Furthermore, he discussed his experiment with the tonality of warm and cool colours. It was during one of his visits to Dr. Gachet

nyében nevezzük utóbbiakat – a hagyományos művészettörténeti korszakolást használva – kései alkotásoknak.

Egon Schiele (1890–1918) már tizenhat évesen felvételt nyert a konzervatív oktatási módszereiről ismert, tekintélyes bécsi Képzőművészeti Akadémiára, amit azonban tizenkilenc évesen elhagyott. Megismerkedett a pályájának csúcsán álló Gustav Klimttel, akinek stílusa, és a napi rajzolást rutinszerű készséggé, minden festői alkotás kiindulópontjává tevő alkotómódszere hatott leginkább Schielére. Az idősebb mester stilizáló vonalvezetése az ifjú „követő" keze nyomán szögletes, határozott kontúrvonalak által határolt, kontrasztos mezők alkotta felületekké alakult át. Klimt nagypolgári, buja asszonyait Schiele művein saját és szeretteinek arcképei, de legfőképpen kortársainak aktjai, szegénységükben vagy lelki társtalanságukban szorongatott, meztelen alakjai váltották fel. Lázadása nem öncélú polgárpukkasztás volt, hanem a társadalmat (szerinte) béklyóba kötő avítt rendszerek, a rájuk jellemző szellemi üresség és a konzervatív gondolkodók szabta korlátok ellen irányult. Merészen mutatta fel a másként gondolkodás képi bizonyítékait. Sikereivel gondolta „legalizálni" az akkori társadalom számára elfogadhatatlan, határokat átlépő, szabadosnak bélyegzett művészetét és életvitelét. A korlátok azonban áttörhetetlenek bizonyultak, így a törvény erejével[5] és megrendelőinek elfordulásával kellett szembenéznie. A börtön, a szorongás, a sikertelenség, a világháború kitörésének traumája, majd az igaz szerelem megtalálása 1915-ben változtatásra késztette, s vásznai is világosabb színekkel és konszolidáltabb témákkal teltek meg. A bécsi, müncheni, drezdai és pesti kiállításokon való szereplések a családját eltartani képes, határok között mozogni tudó polgárnak mutatta, s művein is jól látható, ahogy témái a művészi és nem az egzisztenciális problémafelvetések felé mozdultak el. Aktjai finoman erotikussá szelídültek, miközben megőrizték korábbi rajzstílusának erőteljes vonalvezetését. A bécsi haladó szellemű galériák révén megismert francia, expresszív irányú modernizmus és a Klimt által közvetített japán művészet által inspirált madárpers-

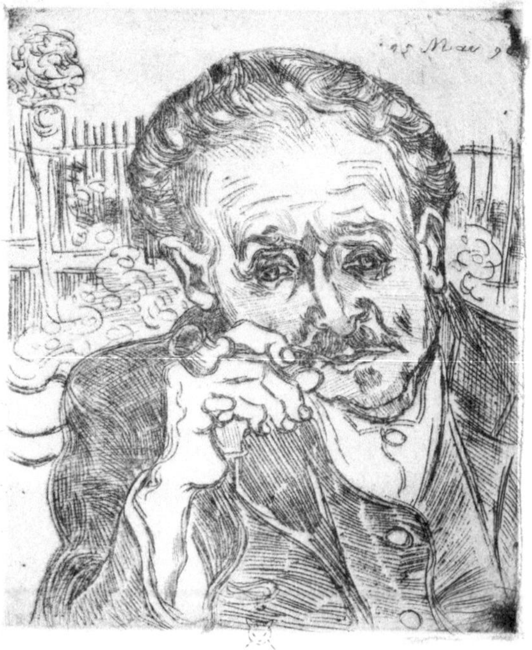

VINCENT VAN GOGH
Doktor Gachet portréja
1890
(73. kat. sz.)

VINCENT VAN GOGH
Portrait of Doctor Gachet
1890
(cat. 73)

that Van Gogh created the portrait in which he first explored the etching technique. In Dr. Gachet's printmaking studio, he gained practical experience with the process of etching, acid biting, and printing. After lunch in the garden, the doctor handed Van Gogh a prepared copper plate upon which the artist, with a light hand and knowing his subject well, etched the face, with its pipe-smoking, melancholy look and wrinkles, in a swirling grid of lines that were characteristic of his paintings of the time. The two men immersed themselves in the printing process, experimenting with different colours. The plate was left with Gachet, who added the (probably incorrect) date to the plate and later made some more precise, more evenly inked, professional prints. Perhaps the harsh linework in this etching is what many saw as evidence of decline in Van Gogh's final months in Auvers, as a reflection of his emotional disintegration and the looming threat of suicide. However, a separation of his art from the events of his life as well as a more objective analysis have led to the "rehabilitation" of

pektíva született újjá művein, ahogy fentről letekintve, távolságot tartva mutatja vizsgálatának tárgyát, s nem fenyegető, lecsapni kész erőként. Utolsó művein felesége, Edith Harms alakja szelíd tekintetű, ölelő karjával menedéket adó, de erotikától sem mentes nőként tűnik fel. Váratlan halálát spanyolnátha okozta, így Schiele művészetének optimista, új utakra lépő felívelésében a lezárás vágya vagy a halállal való szembenézés feldolgozásának kísérlete nem mutatható ki. Életútja rövidsége ellenére is önmagában teljes, kezdettel, kiteljesedéssel és fordulatokkal meghatározható életművet eredményezett.

Vincent van Gogh (1853–1890) hányatott, testi-lelki fájdalmakkal, sikertelenséggel és önmarcangolással terhes élete ott ért véget, ahol utolsó – fennmaradt leveleinek köszönhetően jól dokumentált – három hónapját töltötte. Auvers-sur-Oise-ba 1890 májusában a gyógyulás reményével érkezett, Paul Ferdinand Gachet orvosi és lelki támogatásában bízva. A vásznon és rézkarcban kétszer is megörökített Gachet doktor otthonosan mozgott a művészvilágban, maga is hobbiművész volt, és a művészekre oly jellemző „melankólia" sem volt idegen tőle. A korabeli eufemisztikus elnevezéssel leírt depresszió is Van Gogh lelki társává tette a doktort. Van Gogh ekkor túl volt egy több mint féléves pszichiátriai kezelésen, számtalan pánikrohamon, több neurotikus hátterű vagy jellegű betegségen, s évek óta élt együtt súlyosan negatív önképe okozta lelki kríziseivel. A műkedvelő orvosról első találkozásuk után megállapította: „Azt hiszen nem szabad semmiképpen sem számítanunk Dr. Gachet-ra. Először is betegebb, mint én, nekem úgy tűnik...", de később azért leszögezte: „Tényleg azt gondolom, hogy barátságban leszünk."[6] S ez nem is tűnt lehetetlennek, Gachet bátorította, hogy alkosson, így elképesztő tempóban és hevülettel dolgozott májustól júliusig. Hetvennégy festménye született, s további rajzok, illetve az életmű egyetlen rézkarca, éppen Dr. Gachet-ról. A két megfestett Gachet-portré szoros rokonságot mutat Van Gogh egy évvel korábbi, a saint-rémy-i kórházban festett önarcképével. A festő lelkesedése a portré műfaja iránt testvérével folyta-

the works made in his final months; the features once considered faults – the hard lines, pale colours, and less confident composition – are now interpreted as signs of a stylistic change, of experimentation. According to some,[7] the more linear, drawing-centred approach reflects a longing for a pure, unspoiled rural life, expressed in a deliberate rusticity similar to that in the art of his friend, Paul Gauguin. This represents a return to the Brabant period at the beginning of his career but can also be seen as a further development. The unpretentious and weary figure of the countryman, often dignified in his poverty, was an important subject at the beginning of his career, and in Auvers, he returned to it with a fresh approach, embracing the more colourful palette of postimpressionism while retaining a kindred artistic sensibility. These final works in his oeuvre exhibit a coherent connection to his early career, powerfully capturing the grand arc of his brief artistic journey, which spanned scarcely a decade. The artistic fervour that overtook him in these months may have been both a reflection of his troubled state of mind and an expression of his impassioned desire to fulfil his artistic ambitions. Van Gogh had never shied away from a feverish work tempo, as he wrote in 1883: "My plan is not to spare myself... not to avoid a lot of emotions or difficulties. It's a matter of relative indifference to me whether I live a long or a short time..."[8] At thirty-six, however, he felt "old and broken" and finally suffered a mental collapse.

The life of Henri de Toulouse-Lautrec (1864–1901) was radically shaped by two "hereditary conditions": immense family wealth and a genetic disease. The latter, however, meant the former became a curse rather than a blessing: although his mother ensured his material comfort throughout his life, he felt the unbearable weight of his aristocratic obligations, which he was unable to meet. He adored his horses but was unable to ride them and thus oversee his estates. His small stature, limp, and "deformed" appearance prevented him from making a favourable marriage or representing his family. Although his mother, through her support of his artistic talents, offered a counterbalance to his father's pity and disappointment, it was not enough to restore his self-esteem, and therefore – like Van Gogh – he was plagued by depression his entire life. For Toulouse-Lautrec, immersing himself in the world of Parisian theatres, nightclubs, and brothels, not only as a spectator but also as a backstage insider, was both an artistic task – to search for and communicate a subject – and an act of physical self-destruction.

tott levelezéséből is kitűnik, amelyben a modern portré kidolgozásának vágyáról írt, konkrétan arról, hogy a fotografikus benyomások helyett a lélek megnyilvánulásai foglalkoztatják és a hideg-meleg színek tónusával kísérletezik. A Dr. Gachet-nál tett látogatásainak egyikén készítette azt a portrét is, amelyen a rézkarc technikájával ismerkedett. Gachet grafikai műhelyében tett szert gyakorlatra a rézlemezen való karcolás, a lemez maratása és a nyomtatás eljárásaiban. A doktor egy ebédet követően a kertben átadott Van Goghnak egy előkészített rézlemezt, amelyre a művész könnyű kézzel, alanyát már jól ismerve, akkori festményeire is jellemző kavargó vonalhálóval vitte fel a pipázó, melankolikus tekintetű, ráncoktól barázdált arcot. A két férfi elmerült a nyomtatásban, kipróbálva többféle színt a levonatokon kísérletezve. A lemez Gachet-nál maradt, aki – valószínűleg tévesen – a dátumot is felvitte rá és a későbbiekben még készített néhány precízebb, egyenletesebben festékezett, professzionális levonatot. Talán ennek a műnek a kemény vonalvezetése is hozzájárult, hogy sokan Van Gogh ezen utolsó, Auvers-ben töltött hónapjaiban a hanyatlás jeleit látták, nem kis mértékben a lelki széthullás és az öngyilkosság fenyegető jelét fedezve fel bennük. Az életmű és az életesemények szétválasztása és az objektívebb műelemzés azonban idővel „rehabilitálta" az utolsó hónapok műveit, s a hibájukként felrótt jegyeket – kemény vonalvezetés, halvány színek, bizonytalanabb komponálás – újabban inkább a stílusváltozás, kísérletezés nyomaiként értelmezik. A rajzosabb, vonalcentrikus alkotómódban egyes vélemények szerint[7] a tiszta, romlatlan vidéki élet utáni vágy érződik, pontosan olyan keresett rusztikusságban kifejeződve, mint barátja, Paul Gauguin művészetében. Ez visszatérés a pálya elejének brabanti időszakához, de annak továbbfejlesztése is. A vidéki ember sallangmentes, megfáradt és gyakran szegénységében is méltóságteljes alakja pályakezdésének fontos szereplője volt, s itt, Auvers-ben új szellemben, a posztimpresszionizmus színesebb palettájával, de szellemiségében rokon módon tért vissza. Az életmű ezen utolsó darabjai

As a result, like Van Gogh, he lived a short life, just thirty-six years. Yet, he still managed to create an oeuvre of tremendous quality and quantity. His printmaking activities lasted only a decade, but when he made his first lithograph in 1891, he became such a devotee of the technique that he drew nearly four hundred compositions on stone before his death. Lautrec's visual aesthetic was defined by lively scenes and distinctive figures from the entertainment world and by the bold contours and colour schemes he borrowed from Japanese woodblock prints. In 1897, alcoholism further worsened his syphilis and depression, leading to his rapid mental and physical decline, and ultimately to institutionalisation. He suffered from delusions, hallucinations, paranoia, and physical pain until he died of a stroke in September 1901. The worsening of his illness(es) was also reflected in his art, and his works after 1899 show a crumbling of his earlier taut, stylised, and elegant drawing style. However, his distorted lines and heavily shaded surfaces are not a sign of artistic decline, but rather the artistic manifestation of an expressive mind in constant battle with itself. The most interesting lithograph of this period, the *Clown and Clowness after the Show*, executed in 1899, remained unpublished during his lifetime. Presumably in the figure of the man, the clown, Lautrec recorded his own features, something he had never done before. His face is like a death-mask, his eyes closed. His clown hat slips to the back of his stubbled, bald head. Meanwhile, the clowness looks on with a strange, almost intangible pity mixed with kindness. Despite the hasty lines, the almost scribbled looseness, and the unfinished details, the precise psychological composition proves that Lautrec was aware of his physical decline and its pitiable nature. In his final years, his oeuvre as an observer of bohemian life was transformed by the restless and unfiltered expressiveness of an artist battling his own demons.

Because of their untimely deaths, these artists never had the opportunity to experience old age. Although Van Gogh felt distinctly "old", it was a psychological and not a physical "old age", just as Toulouse-Lautrec's condition was not a consequence of his age but of his illness. Those who die young do not reflect on their oeuvre as a whole; they do not weigh its completeness or perceived short-comings. The questions of "what have I not created?" and "what should I still accomplish?" are asked by those who, looking back on a long body of work, can see one (or more) arcs, points of departure, and a variety of artistic destinations.

szoros kapcsolatot mutatnak a pályakezdéssel, s a nagy, mindössze egy évtized alatt bejárt művészi utat azok visszfényében (is) meggyőző módon mutatják. A művészi hevület, amely e hónapokban úrrá lett rajta, egyszerre lehetett zaklatott lelkivilágának, de művészi törekvéseit lázasan kielégíteni igyekvő vágyának is lenyomata. Van Gogh korábban sem riadt vissza e viharos alkotótempótól, ahogy 1883-ban írta: „Nem tervezem kímélni magam... elkerülendő a sok érzelmet és nehézséget. Számomra viszonylag közömbös, hogy hosszú vagy rövid életem lesz..."[8] Harminchat évesen azonban „öregnek és megtörtnek" érezte magát, végül lelkileg összeroppant.

Henri de Toulouse-Lautrec (1864–1901) életét gyökeresen határozta meg két „veleszületett adottsága", dúsgazdag családja és genetikai betegsége. Előbbi az utóbbi fényében bizonyult áldás helyett átoknak: édesanyja révén ugyan egész életében bővelkedett az anyagi javakban, de az arisztokrata kötelezettségek, amelyeknek nem tudott megfelelni, elviselhetetlen teherként nehezedtek rá. Noha imádta a lovait, kilovagolni és birtokait szemmel tartani nem tudta, előnyős házasságot törpe termete, bicegése és torznak titulált megjelenése miatt nem köthetett, s ugyanezen okokból reprezentálni sem tudta családját. Apja iránta tanúsított szánalmát és csalódottságát művészi tehetségének anyja általi bátorítása ellensúlyozta ugyan, de önbecsülését ez sem tudta visszaadni, így depressziója egész életében – ahogy Van Goghot is – végigkísérte. A párizsi színházak, mulatók, bordélyházak világában nemcsak nézőként elmerülni, hanem a kulisszák mögé bennfentesként is bejárni Toulouse-Lautrec számára egyszerre jelentett művészi feladatot – témakeresést és közlendőt – és fizikai önpusztítást. Így – szintén Van Goghhoz hasonlóan – mindössze harminchat évet élhetett. E rövid élet azonban nem gátolta meg minőségi és mennyiségi szempontból is hatalmas életműve megalkotásában. Grafikai tevékenysége csak egy évtizedre tehető, de amikor 1891-ben elkészítette első litográfiáját, annyira elköteleződött a technika mellett, hogy haláláig közel négyszáz kompozíciót rajzolt kőre. A mulatók világának életképei, jelleg-

II

> "...I'm much more curious about what I haven't painted yet."[9]
>
> Pablo Picasso

A Goya scholar described a symbolic self-portrait by Francisco de Goya (1746–1828)[10] as a drawing of a man with shaggy hair and a grey beard, leaning on two canes, his back stooped, stepping from a dark background into an illuminated foreground. In the corner, Goya wrote in neat, clearly legible letters: *Aun aprendo* (I am still learning).[11] He used the sketchbook containing this small drawing between 1824 and 1828, when he was around the age of eighty. In December 1825, he reflected on his age in a letter to a friend: "Be thankful for the poor writing for I have neither good sight nor a steady hand, and neither pen nor inkwell, everything fails and only my strength of will remains."[12] That the theme of ageing preoccupied Goya for a long time is not surprising given that around 1800, people in their mid-forties were considered on the threshold of old age. Goya was unsparing with himself during his lifetime, nor was fate merciful: disease, wars, famines and epidemics directly affected him. As his surviving correspondence shows,[13] these traumas had a profound effect on his art: two of the defining works of his old age, the so-called *Black Paintings* and the series of prints entitled *The Disasters of War*, bear witness to this. While the latter seems easy to understand, the former is anything but. In his final years, the soaring of his thoughts, the flow of associations, and his complex thinking shaped by vast knowledge demanded space. It became increasingly evident that he was less and less concerned with how – if at all – his works would be deciphered by others. His last unfinished, unpublished series of twenty-two aquatints, *Los disparates* (*The Follies*), is also difficult to interpret. Although Goya did write a sentence on each of the proofs, all starting with the word *disparate* (folly), these are more puns and do not aid in interpretation. His first monographer, Tomás Harris, drew attention to the connection between the works and Spanish proverbs, leading to the widespread view that the theme of the works was an interplay of linguistic and visual humour.[14] Modern interpreters have refuted this analysis in various ways and attribute a more complex meaning to the prints,[15] which are presumably closely related to the *Black Paintings*. Created on the walls of his home between 1819 and 1823, when he was nearly eighty years old, the *Black Paintings* attest to his great

zetes alakjai és a japán fametszetek hatását mutató erős kontúrok, illetve színvilág határozták meg Lautrec művészetét. 1897-ben az alkoholizmus tovább súlyosbította szifiliszét és depresszióját, s hamarosan mentálisan és fizikailag is összeomlott, elmegyógyintézetbe került. Tévképzetek, hallucinációk, paranoiás félelmek és testi fájdalmak gyötörték 1901 szeptemberében bekövetkezett agyvérzéséig. A betegség(ek) elhatalmasodása művészetében is megmutatkozott, 1899 utáni művein korábbi feszes, stilizáló és elegáns rajzstílusának szétesése figyelhető meg. Zaklatott vonalvezetése, erős satírozott felületei nem a művészi hanyatlás, inkább expresszív, önmagával folyamatos küzdelemben álló elméje művészi megnyilatkozásának jele. A korszak legérdekesebb litográfiája, az 1899-ben készült *Bohóc és bohócnő fellépés után,* a művész életében publikálatlan maradt. Feltételezhető, hogy a férfi, vagyis a bohóc figurájában saját arcvonásait örökítette meg, ami korábban nem fordult elő. A halotti maszkszerű arcon a szem csukva van, a borostás, kopasz fejről egy bohócsipka csúszott hátra, s minderre a bohócnő valami furcsa, szinte megfoghatatlan szánalommal vegyes kedvességgel tekint. Az elkapkodott vonalak, a szinte firkált lazaság és a kidolgozatlan részletek ellenére a pontos pszichológiai összhatás bizonyítja, hogy Lautrec tisztában volt fizikai hanyatlásával és annak szánalmat keltő voltával. Utolsó éveiben a bohém élet szemlélőjeként alkotott életművét a saját démonaival küzdő alkotó zaklatott és keresetlenül expresszív hangja alakította át.

E rövid életű művészeknek nem adatott meg az időskor megtapasztalásának lehetősége. Noha Van Gogh magát kifejezetten „öregnek" érezte, az pszichológiai és nem fizikai „öregség" volt, ahogy Toulouse-Lautrec állapota sem korának, hanem betegségének következménye volt. A fiatalon elhunytak nem összegzik életművüket, teljességét vagy vélt hiányosságát nem mérlegelik. A „mit nem alkottam meg" és „mit kellene még" kérdéseket azok teszik fel, akik hosszú életművükre visszatekintve látnak egy (vagy akár többféle) ívet, kiindulást és sokféle megérkezést.

physical strength. The dreamlike, visionary, and enigmatic content of the murals is difficult to grasp, and the interpretation of each scene raises numerous questions that persist today. They might be deeply personal reflections on life, death, the workings of the human psyche, and society. It is as if he were engaging in a dialogue with the intangible forces driving his life, of which viewers understand only as much as their eyes – rather than their intellect – are able to comprehend. In Goya's last years, his art was at its height; no evidence of any kind of cognitive decline related to old age can be found. What the viewer is, in fact, witnessing is Goya speaking the language of another world.

While Goya wandered in the realm of ambiguity in his last years, Édouard Manet (1832–1883) is a perfect example of someone lost in the admiration of worldly beauty. In his late forties, the French painter was preoccupied with a new theme that had only just emerged at the time of his death in 1883.[16] Manet's oeuvre, spanning more than three decades, was so accomplished that surely, he himself recognised his art had reached its full maturity. Although he was often ill in his final years, he still possessed enough intellectual strength and creative curiosity to embark on a new chapter. Youth and beauty captivated him with an unexpected intensity, driving him to create. "Portraits of women, still lifes of flowers and fruit, garden scenes, decorative panels, pastels, and letters filled with watercolour illustrations: these are the dominant themes of the 'late work'".[17] His last two paintings, *Jeanne (Spring)* and *A Bar at the Folies-Bergère*, are outstanding examples of his genuine admiration for beauty. The former, depicting the actress Jane (Jeanne) Demarsy, is not a portrait but rather an idealized image of beauty. According to Antonin Proust,[18] Manet spent days choosing – indeed creating – her dress by visiting various shops. With the same care, he selected the background flowers – faded rhododendrons – to frame the actress's distinct profile, to make it "outlined with love". As in the female figure in *A Bar at the Folies-Bergère*, art historians have seen in Jane's depiction a visual parallel between the "heroism of modern life" and the realism of Gustave Flaubert.[19] Manet elevated beauty to heroic heights as an absolute value and a phenomenon to be celebrated. When Antonin Proust published his enthusiastic review upon the exhibition of *Jeanne*, Manet decided to illustrate the article with an etching of the painting. Thus, in the spring of 1882, he returned to a technique he had ignored for nearly twenty years. Perhaps owing to the physical limitations of his illness, he failed to produce

II.

„...kíváncsibb vagyok azokra,
amelyeket még nem festettem meg."[9]
Pablo Picasso

Francisco de Goya (1746–1828) szimbolikus önarcképének nevezi kutatója azt a rajzot,[10] amelyen egy két botra támaszkodó, hajlott hátú, bozontos hajú és ősz szakállú férfi látható, amint a sötét háttérből a világos előtérbe lép, s amelynek sarkára Goya szépen formált betűkkel, jól kiolvashatóan felírta: *Aun aprendo* (Még mindig tanulok).[11] A vázlatfüzetet, amelyben e kis rajz is megtalálható, 1824–1828 között, tehát nyolcvanadik életéve körül használta. 1825 decemberében e sorokkal reflektált korára egy barátjának írt levélében: „Legyetek hálásak a gyenge írásért, mert sem jó látásom, sem biztos kezem nincs, sem tollam, sem tintatartóm, minden hanyatlik, és csak az akaraterőm marad."[12] Az időskor témája Goyát sokáig foglalkoztatta, ami nem meglepő annak fényében, hogy 1800 körül az öregedés kezdetét az emberek negyvenes éveinek közepére tették. Goya nem kímélte magát élete során, és őt sem kímélte a sors: a betegségek, háborúk, éhínségek és járványok közvetlenül érintették. Ahogy fennmaradt levelezéséből kiderül,[13] mindez nagy hatással volt művészetére: idős korának két meghatározó műve, az ún. *fekete festmények,* illetve *A háború borzalmai* című grafikai sorozat erről árulkodik. Míg az utóbbi könnyen értelmezhetőnek tűnik, előbbi korántsem az. Utolsó éveiben a gondolatok szárnyalása, az asszociációk és a műveltségéből adódó sokszorosan összetett gondolkodás követelt teret magának. Jól láthatóan egyre többször fordult elő, hogy egyáltalán nem foglalkoztatta, hogy műveit ki hogyan fogja – ha egyáltalán – megfejteni. Utolsó befejezetlen, életében nem publikált, *Balgaságok (Los disparates)* című, huszonkét lapos akvatinta-sorozatának tartalma is nehezen értelmezhető. Noha a próbanyomatokra Goya egy-egy mondatot is írt, mindet a *disparate* (balgaság) szóval kezdve, de ezek az értelmezést nem segítő szójátékok inkább. Első monográfusa, Tomás Harris a művek

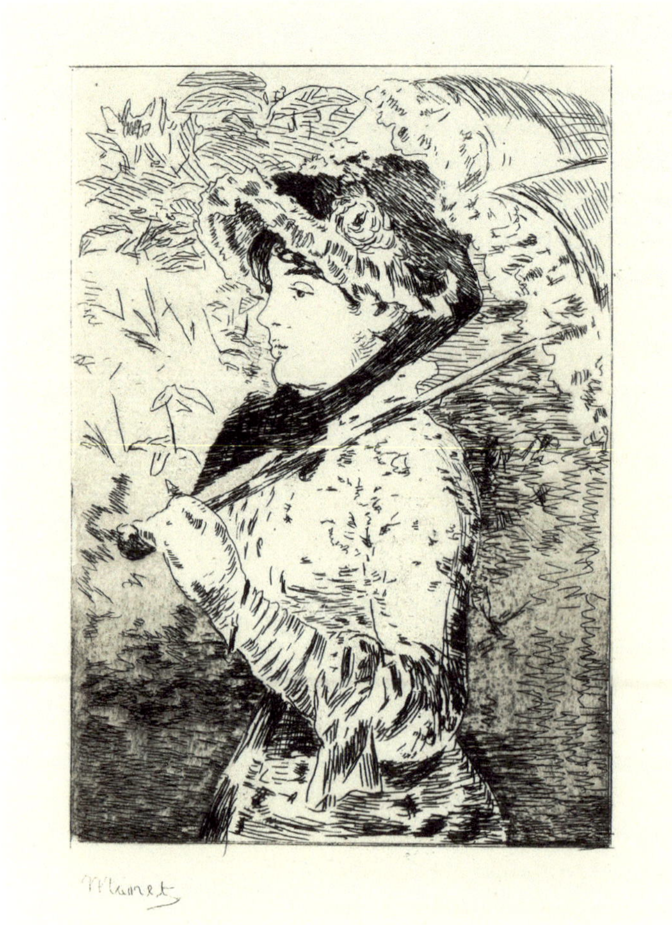

ÉDOUARD MANET ÉS HENRI GUÉRARD
Jeanne II. (Tavasz II.)
1893
(53. kat. sz.)

ÉDOUARD MANET AND HENRI GUÉRARD
Jeanne II (Spring II)
1893
(cat. 53)

a result that satisfied him. Therefore, he asked his friend, Henri Guérard, who had assisted him in the final phases of the printmaking process, to destroy the copper plate. This never occurred, and the last engraving Manet ever made would later become known to the public. After the artist's death in 1883, Guérard made further prints from the plate, but recent research[20] has led to the discovery of the 1882 copy that had displeased Manet, that had failed, in the artist's opinion, to capture the essence of beauty. Manet might have approved, however, of a later, aquatint-enhanced version (1893) by Guérard, as it – in our estimation – faithfully reproduces the ideal image of beauty Manet sought in his last years. The work suggests his desire to escape from illness, which he expressed through a "fierce embrace of beauty and pleasure".[21]

és a spanyol közmondások közti kapcsolatra hívta fel a figyelmet, így elterjedt az a nézet, hogy a nyelvi és képi humor összjátéka lenne a művek témája.[14] Napjaink értelmezői ezt az elméletet sokféleképpen cáfolták és árnyaltabb jelentéstartalmat tulajdonítanak a lapoknak,[15] amelyek feltételezhetően szoros kapcsolatban állnak az ún. *fekete festmények*kel. Ezeket Goya hatalmas fizikai teherbírásról is tanúságot téve közel nyolcvanévesen, 1819 és 1823 között szobáinak falaira készítette. A falképek álomszerű, vizionárius és talányos tartalmához nehéz közel kerülni, egy-egy jelenet értelmezése számos kérdést vet fel ma is. Goya mélyen személyes gondolatait jeleníthette meg életről, halálról, az emberi psziché, illetve a társadalom működéséről. Mintha az életét mozgató megfoghatatlan erőkkel folytatott volna párbeszédet, amelyből a néző csak annyit ért, amennyit a szemével – nem pedig az eszével – felfogni képes. Goya utolsó éveiben művészete csúcsára ért, semmiféle időskori hanyatlás nem észlelhető, a befogadó valójában annak tanúja, hogy Goya egy másik világ nyelvén beszél.

Goya utolsó éveiben a rejtjelek birodalmában bolyongott, Édouard Manet (1832–1883) pedig annak szemléletes példája, amikor valaki az evilági szépség csodálatába merül el. A francia festőt negyvenes évei végén új tematika foglalkoztatta, amely éppen csak kibontakozott 1883-as halálakor.[16] Manet több mint három évtizedes munkássága olyan gazdag volt, hogy számára is nyilvánvaló lehetett művészetének kiteljesedettsége, s bár utolsó éveiben sokat betegeskedett, elég szellemi erő és alkotói kíváncsiság dolgozott még benne egy új fejezethez. A fiatalság és a szépség nem várt erővel nyűgözte le és késztette alkotásra. „Asszonyok portréi, virág- és gyümölcscsendéletek, kerti jelenetek, dekoratív panelek, pasztellek, és akvarellel illusztrált levelezések: ezek a késői művek domináns témái."[17] Két utolsó festménye, a *Jeanne (Tavasz)* és a *Folies-Bergère bárja* a szépség iránti őszinte csodálatának kimagaslói példái. Előbbi, a Jane (Jeanne) Demarsy színésznőt ábrázoló mű nem portré, sokkal inkább a szépségről alkotott ideálkép. Manet – Antonin Proust beszámolója szerint[18] – napokat

The oeuvre of Pablo Picasso (1881–1973) can be characterised by distinct artistic periods (blue, pink, African, cubist, classicist, surrealist). Spanning eight decades, his life naturally included an extensive late period comprising multiple chapters and diverse artistic enquiries. Yet, the nearly two decades preceding his death in 1973 are also marked by a unifying, internal cohesion. Like Goya, Picasso was indefatigable, with Brassaï describing the nearly eighty-year-old artist as such: "he is solid as a rock and his eyes have lost none of their fire."[22] It was at this time that Picasso declared: "My old paintings do not interest me. I'm much more curious about what I haven't painted yet."[23]

Even earlier in his career, Picasso was known for integrating insights drawn from classical works, but in his final years, this approach became far more direct and deliberate. His generally positive critical reception since the 1930s, his role in the politics of art, and, not insignificantly, the high demand for his works on the art market all played a role in this. Success gave the painter confidence, and he studied his esteemed predecessors not as insurmountable entities but as sources of inspiration for thinking about similar creative problems. From the 1950s onwards, he reflected on the art of those he admired – especially Diego Velázquez, Goya, Manet, and Nicolas Poussin – in free associations, paraphrases and open dialogues. He achieved this in part through the re-creation of specific works such as Velázquez's *The Maids of the Infanta Margarita* and Manet's *The Luncheon on the Grass* and also in his focus on the role of the artist and the relationship between the artist and his model. In the spirit of Spanish themes inspired by Velázquez (and sometimes El Greco), costumed figures became frequent characters in his extremely colourful, expressive, manneristic works, which mixed and blended different eras. He literally played with figures borrowed from the works of his predecessors. In this strange game with time, it seemed as if Picasso had entered already-painted scenes and reshuffled them. As Brassaï noted, in Picasso's paraphrase of Manet's *The Luncheon on the Grass*: "...It is the strange and – at the time – scandalous nudity of the woman among the dressed men that must have struck him and attracted him the most. He returns constantly to this nude, has her walk among the group in sometimes comical postures."[24] At the height of his career, Picasso was deeply interested in what his contemporaries – especially Georges Braque, Henri Matisse, and Joan Miró – were doing and how much more

töltött azzal, hogy az asszony ruháját kiválassza, sőt valójában megalkossa különféle üzletekben járva, ahogy a háttér virágait, a fakó rododendronokat sem véletlenül helyezte a háttérbe, hogy keretezzék a színésznő határozott profilját, amelyet „oly szeretettel körvonalazott". Ahogy a *Folies-Bergère bárjának* nőalakjában, így Jane figurájában is a „modern élet heroizmusát" és az író, Gustave Flaubert realizmusának képi párhuzamát fedezi fel a művészettörténet-írás.[19] Manet a szépséget mint abszolút értéket és mint ünneplendő jelenséget emelte heroikus magasságba. Antonin Proust a *Jeanne* kiállításakor megjelentetett lelkes kritikáját Manet szerette volna a mű rézkarc verziójával illusztrálni, így 1882 tavaszán az általa közel húsz éve mellőzött technikához fordult. Az eredménnyel – talán a betegsége okozta fizikai korlátai miatt – meglehetősen elégedetlen volt, így kérte az utómunkában őt segítő barátját, Henri Guérard-t, hogy inkább semmisítse meg a rézlemezt. Ez azonban nem történt meg, így Manet életének utolsó metszete mégis ismertté válhatott. Guérard a művész halála után készített további levonatokat is a lemezről, de a legújabb kutatások nyomán[20] előkerült az az 1882-es példány is, amelyről Manet elégedetlenül állapította meg, hogy a szépségnek azt az esszenciáját, amelyet elképzelt, nem adja vissza. Guérard akvatintával feljavított változatával (1893) azonban talán Manet is elégedett lett volna, hiszen az utolsó éveiben keresett ideális szépségről alkotott képét – meglátásunk szerint – hűen adja vissza. Felfedezhetjük benne a betegség előli menekülés vágyát, amely „a szépség és az élvezetek heves magához ölelésében"[21] nyilvánult meg.

Pablo Picasso (1881–1973) életműve egymástól jól elhatárolható művészi korszakokkal (kék, rózsaszín, afrikai, kubista, klasszicizáló, szürrealista) írható le. A nyolc évtized hosszú késői éveket is jelent, s azon belül is több fejezetet, többféle problémafelvetést, amelyek azonban belső összetartó erővel bírtak és egységessé formálták az 1973-as halálát megelőző közel két évtizedet. Goyához hasonlóan Picasso is fáradhatatlan volt, közel nyolcvanévesen Brassaï úgy jellemezte, hogy „erős, mint a szikla,

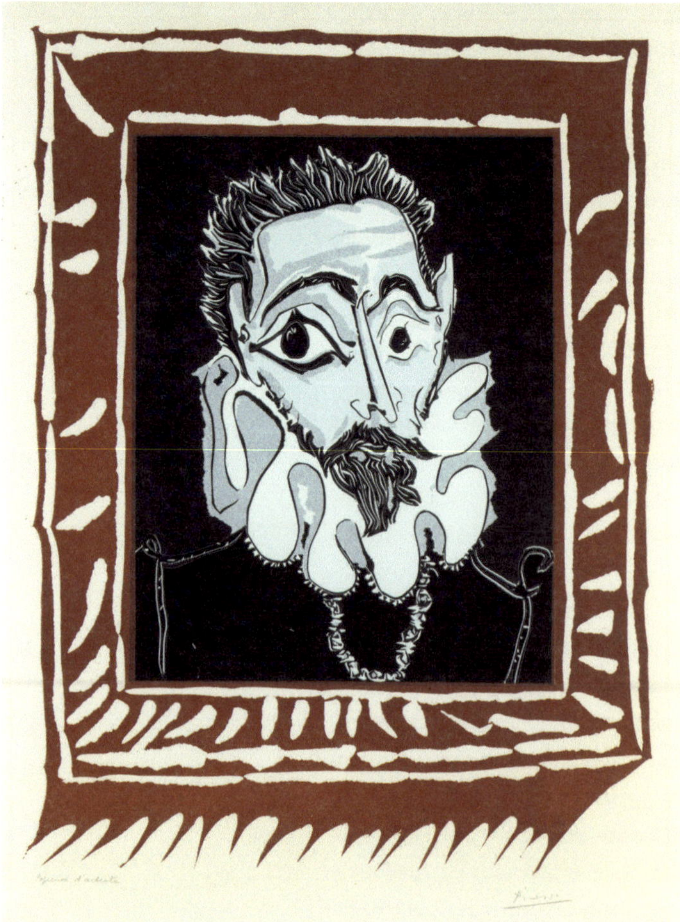

modern their art was than his. In his later years, he abandoned this rivalry and even stopped observing his contemporaries. Instead, he found it more "exciting" to identify the milestones in art history that had caught the attention of contemporaries – those that result-ed in scandal and later significant ideological shifts. In Velázquez's famous painting, the artist's placement within the pictorial space, the elevation of the painter to the role of protagonist rather than the ladies-in-waiting he portrays, and in Manet's work, the positioning of the nude female body within bourgeois society are deliberate, designed to raise provocative questions about the role of art and the position of the artist. In his final decade, Picasso felt the time had come to reflect on his own role and to state openly, without any false modesty, that whatever he created, it was not just the artwork but he himself who was the embodiment of art. Underneath

és a szeme mit sem veszített tüzéből".[22] Picasso ekkor így nyilatkozott: „A régi képeim már nem érdekelnek. Sokkal kíváncsibb vagyok azokra, amelyeket még nem festettem meg."[23]

Picassóra korábban is jellemző volt a klasszikus alkotásokból leszűrt tapasztalatok műveibe való beemelése, ami az utolsó éveiben sokkal direktebb és vállaltabb lett. Ebben a – harmincas évektől jellemzően pozitív – kritikai megítélése, a művészetpolitikai téren betöltött szerepe és nem elhanyagolható módon a műtárgypiaci keresettsége is közrejátszott. A siker megabiztossá tette a festőt, és az általa nagyra tartott elődöket sem meghaladhatatlan entitásként, hanem vele hasonló alkotói problémákon gondolkodó inspirációs forrásként tanulmányozta. Az 1950-es évektől szabad asszociációk, parafrázisok és nyílt párbeszédek formájában reflektált az általa csodáltak – főként Diego Velázquez, Goya, Manet és Nicolas Poussin – művészetére. Ez egyrészt konkrét művek újraalkotásában – Velázquez: *Az udvarhölgyek*, Manet: *Reggeli a szabadban* –, másrészt a művész szerepével, művész és modelljének viszonyával való foglalkozásban nyilvánult meg. A Velázquez (és olykor El Greco) nyomán feltáruló spanyol tematika jegyében a kosztümös figurák gyakori szereplők lettek ezeken a rendkívül színes, expresszív, manierisztikus, korokkal játszadozó műveken. A szó szoros értelmében játszott az elődei műveiből kölcsönzött figurákkal. Az idővel való furcsa játékban Picasso mintha belépett volna a már megfestett jelenetekbe és ott újrarendezte volna őket. Ahogy Brassaï is megjegyezte Manet *Reggeli a szabadban* című képének parafrázisait szemlélve: „...bizonyára a felöltözött férfiak között látható nő furcsa és annak idején botrányos meztelensége fogta meg és ingerelte. Nem tud szabadulni ettől az akttól, ide-oda sétáltatja a csoport körül, néha elég pajzán pózokban."[24] Picassót pályája csúcsán élénken foglalkoztatta, hogy pályatársai – főként Georges Braque, Henri Matisse, Joan Miró – mit csinálnak éppen és az mennyiben modernebb, mint az ő művészete. Idős korára e rivalizálással, de még a kortársak figyelésével is felhagyott. Helyette inkább

PABLO PICASSO
Férfi spanyol gallérral
1962
(61. kat. sz.)

PABLO PICASSO
Man with a Ruff
1962
(cat. 61)

this gesture lurks an anxious self-justification, confronting the fact that, for an emerging generation, his art belonged more to the past than the present. Remaining true to himself in old age was no easy task for a man long regarded as the standard-bearer of his time – a dominant figure in his private life too, whose masculinity was a defining element of both his work and his relationships.

As mentioned above, Picasso eventually abandoned his rivalry with his contemporaries. To him, the painting scene was also uninspiring. While he knew the younger generation by name, he was more interested in the figures of his own youth. This contrasted with Joan Miró (1893–1983), whose empathetic nature stemmed from his hypersensitive temperament. The darker side of this sensitivity – his intense, at times manic depression – was a defining element of his youth. Unlike Van Gogh or Toulouse-Lautrec, however, he found a path to escape in his art. Perhaps this explains why the existential angst of his earlier work, the lonely drift of man, the isolation and solitude of existence over time, gave way to a kind of intentional cheerfulness, an intense, sometimes outspoken exuberance; the viewer seemed to be a witness to the artist's successful struggle with his own demons. In the early twentieth century, Miró worked in the midst of rapidly changing stylistic trends, not just following but also shaping them. One of the defining aspects of his final decades was his ability to simultaneously synthesise the characteristic elements of his oeuvre while revitalising them through the influence of contemporary movements. Because of his synthesising approach, he must have been delighted to illustrate the 1966 reissue of a work from his youth: Alfred Jarry's (1873–1907) *King Ubu*, a paraphrase of Shakespeare's *Macbeth* and a satirical assault on bourgeois values. Absurd, playful, and humorous, the play was also a good starting point for surrealist artistic tendencies. First performed in 1896, *King Ubu* became a forerunner of the theatre of the absurd, and Miró's attraction to the work's infantile humour and playful but deadly serious absurdity is understandable in light of his relationship to surrealism. In the second half of the 1940s, the elusive, fluid, amorphous figures from his earlier toolkit were introduced into a medium influenced by abstract expressionism, a movement dominant mainly in North America. The impact was twofold: Jackson Pollock, considered the father of the movement, often referred to Miró's art as a source of inspiration. In the last decades of his life, Miró received numerous commissions for monumental mural and sculptural works,

az „ingerelte", hogy a művészettörténetben hol tapinthatók ki azok a mérföldkövek, amelyekre a kortársak felkapták a fejüket, amelyekből botrány és később jelentős eszmei fordulat is következett. Velázquez híres képén a festő képtérbe helyezése, az udvarhölgyek helyett az őket festő művész főszereplővé emelése, illetve a Manet-festményen a meztelen nő konszolidált férfiak mellé ültetése – szándékos, a művészet szerepéről, a művész pozíciójáról feltett provokatív kérdések. Picasso utolsó évtizedében elérkezettnek látta az időt, hogy saját szerepére reflektáljon és nyíltan, mindenféle álszerénység nélkül kimondja, bármit alkot is, nem az alkotás, hanem ő maga benne a művészet. E gesztus mélyén megbújik a szorongó önigazolás is, szembenézve azzal, hogy művészete a feltörekvő nemzedék számára már inkább a múlt, mint a jelen. Öregségében önazonosnak maradni nem volt könnyű egy sokáig korának zászlóvivőjeként számontartott és a magánéletben is domináns férfinak, akinek maszkulinitása mind alkotásainak, mind párkapcsolatainak meghatározó eleme volt.

Picasso idővel felhagyott a kortársaival való rivalizálással, és a festészeti színtér sem kötötte le figyelmét. Névről ugyan ismerte a fiatalokat, de inkább saját fiatalságának alakjai iránt érdeklődött. Ellentétben Joan111 Móval (1893–1983), akinek empatikus oldala különösen érzékeny alkatából fakadt. Ennek árnyoldala – erős, olykor mániás depressziója – fiatalkorának meghatározó eleme volt. Van Goghgal vagy Toulouse-Lautreckel szemben azonban számára a művészet valóban menekülőút volt. Talán ennek is köszönhető, hogy míg a korábbi munkáiban megjelenő egzisztenciális szorongás, az ember magányos sodródása, a lét elszigetelt társtalansága idővel egyfajta szándékos, erős, olykor kimondottan harsány életigenlésbe és derűbe csapott át, mintha csak tanúi lehetnénk a küzdelemnek, amit az alkotó saját démonaival sikeresen vívott meg. Miró a 20. század elején a gyorsan váltakozó stílusáramlatok sodrában alkotott, nem csupán haladva, hanem irányítva is azok folyamát. Utolsó évtizedeinek egyik meghatározó jelenségévé vált, hogy egyszerre szintetizálta életművének jellemző vo-

which impacted his graphic designs, such as the illustrations for *King Ubu*. His small, meticulous forms were replaced by generous shaping accompanied by elegant, sweeping lines, which, combined with a striking contrast of strong colours, created an overall effect that was monumental in scale.

While the late works of Goya, Manet, Picasso, and Miró primarily exemplify thematic and, to a lesser extent, stylistic shifts, also interesting are the artistic expressions of artists who, experiencing new inspiration, managed to enrich their late-period oeuvre with fresh works. Knox Martin* (1923–2022) was the last formative personality of the *New York School*, a loose collective of American abstract expressionists. It is not a coincidence that both Robert Rauschenberg and, forty years later, Ai WeiWei, credited Martin as their first and most influential master. Previously *only* a philosopher, Arthur C. Danto, who took up art criticism after befriending Martin, said this of his paintings: "From 1957 to about 1964, the spirit of art in New York City was moving in directions for which Abstract Expressionism had not prepared us. By 1965, the strokes, swipes, drips, and splatters of New York painting had given way to cool, laconic representations of the most ordinary of ordinary objects. It was a transformation in artistic culture in which intellectual rewards replaced, or at least supplemented, visual ones, and the whole philosophical face of art was beginning to disclose itself in a particularly vivid way... I saw Knox Martin's paintings as embodying this transformative moment. In them, the tension between the two rival philosophies of art could be felt... The works referred to vernacular reality, as much so as Campbell Soup cans or Coca Cola bottles."[25] In the years 2014 to 2020 – as Martin was approaching his one hundredth birthday and still at the height of his creative powers – every day he would place a small vase with a fresh-cut flower arrangement on his worktable. He would then sketch it in pencil, evoking the still-lifes of Jan Davidsz. de Heem. On the same day, he would colour his line drawings with waterolours, just as he had filled in his colouring books as a child or copied his favourite masters at The Metropolitan Museum of Art – de Heem, Titian, Goya, and Velázquez – as a young art student. Martin often proclaimed, quoting Henri Matisse, "I don't paint flowers, I paint paintings!" Matisse, too, first copied de Heem in a museum – the Louvre. Two decades later, in 1915, the French artist famously interpreted the Dutch master's *Dessert Table* (1640) with a cubist eye, and then continued to reference de

násait és frissítette fel őket a kortárs áramlatok hatásaival. Ezen összegző hajlama miatt örülhetett annak, hogy Afred Jarry (1873–1907) *Übü királyá*nak 1966-os újrakiadását illusztrálhatja. A Shakespeare *Macbeth*jét parafrazeáló dráma Miró fiatalkorának polgárpukkasztó irodalmi alkotása volt, amely a maga abszurd, játékos, humoros jellegével jó kiindulópontot jelentett a szürrealista képzőművészeti tendenciáknak is. Jarry 1896-ban bemutatott színdarabja az abszurd színház előfutára lett, Miró vonzódása infantilis humorához, játékos, de véresen komoly abszurditásához érthető a szürrealizmushoz való viszonyának ismeretében. Korábbi eszköztárának megfoghatatlan, elfolyó, amorf figurái az 1940-es évek második felében a főként Észak-Amerikában domináns absztrakt expresszionizmus hatását mutató közegbe kerültek. A hatás kétirányú volt: az irányzat atyjának tekintett Jackson Pollock is gyakran hivatkozott Miró művészetére mint inspirációs forrásra. Miró életének utolsó évtizedeiben sok monumentális, szobrászati és murális megbízást kapott, ezek hatása grafikai művein – így az *Übü király* illusztrációin – is érzékelhető.

JOAN MIRÓ
Übü születése
(illusztráció
Alfred Jarry *Übü király*
című színművéhez I.)
1966
(57. kat. sz.)

JOAN MIRÓ
Birth of Ubu
(illustration for Alfred
Jarry's play *King Ubu* I)
1966
(cat. 57)

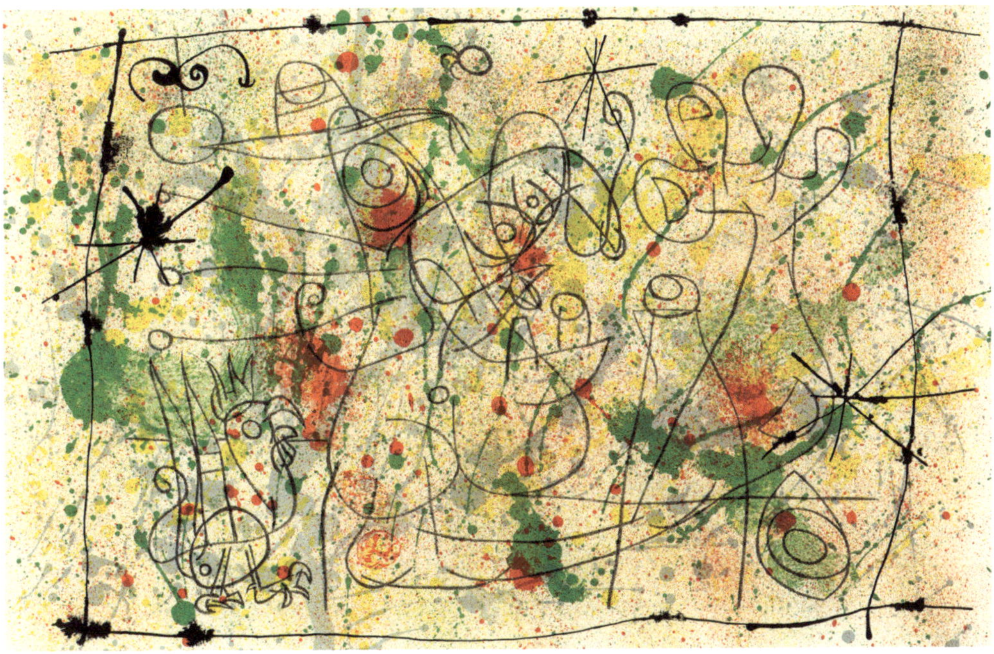

Heem's flowers throughout his life. As for Martin, in his later flower variations, he reiterated the kindred art of his great inspirations, de Heem and Matisse, as a kind of a personal diary. The reduced scale, the clarity of composition, the loose, liberated but confident pencil- and brushwork suggest that in painting his late *Flowers*, the artist's intent was not just to pay homage or experience the joy of creation: ultimately, he was seeking to understand his own life.

Because Knox's series of flowers were created on a daily basis, we can attribute a diary-like quality to them. The drawings of Gerhard Richter (1932), however, are true diary drawings, created in a more conscious and deliberate mode than Knox's. Consciously (self-)evaluating his own oeuvre, Richter continuously varied his style across an astonishingly wide range and periodically opened

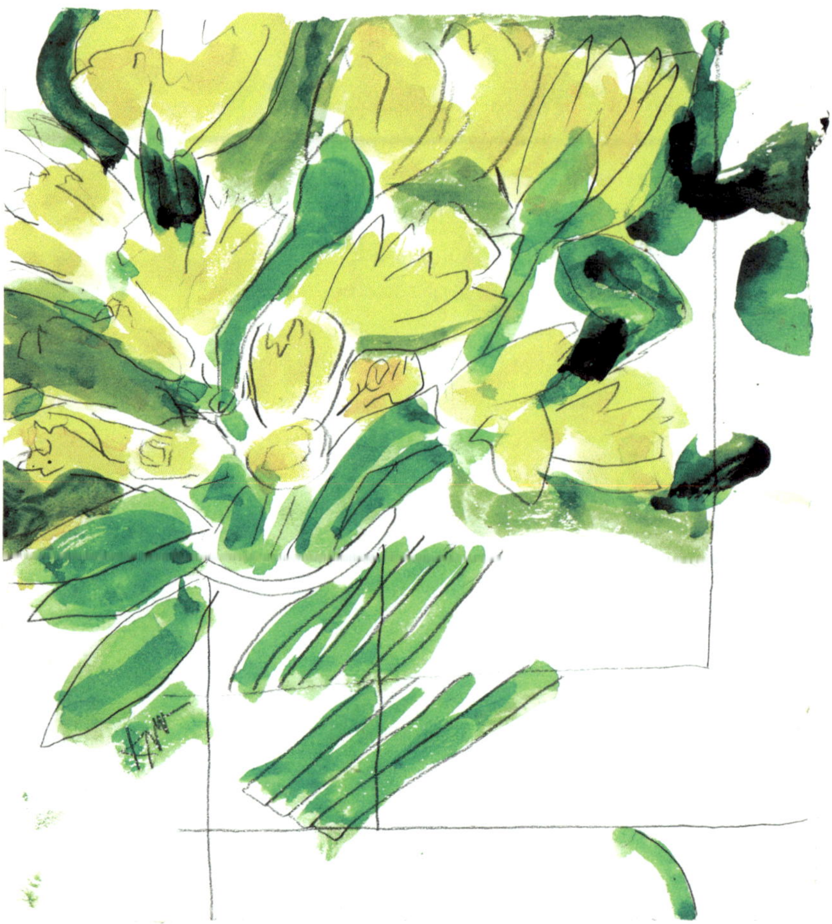

Az aprólékos, kicsiny formák helyét nagyvonalú formaképzés vette át, amely elegáns, széles ívű vonalvezetéssel társult, s ez az erős színek hatásos kontrasztjával kombinálva méretei ellenére is monumentálisnak ható összhatást eredményezett.

Míg Goya, Manet, Picasso és Miró életvégi művei főként tematikus és kisebb mértékben stílusbeli fordulatokra mutatnak példát, érdekesek azok az alkotói megnyilvánulások is, amelyek új motivációjú művekkel gazdagították egyes alkotók utolsó korszakát. Knox Martin* (1923–2022) a New York Schoolnak, az amerikai absztrakt expresszionisták csoportjának utolsó nagy egyénisége volt. Nem véletlen, hogy mind Robert Rauschenberg, mind negyven évvel később Ai WeiWei első és meghatározó mesterének tekintette Martint. A megismerkedésükig *csak* filozófus Arthur C. Danto, aki Martinnal kötött barátságának hatására kezdett el művészetről írni, így jellemezte festményeit: „1957 és 1964 között a New York-i művészet olyan összeférhetetlen irányokat követett, amelyekre az absztrakt expresszionizmus nem készített fel bennünket. 1965-re a gesztusfestészet vad ecsetvonásai, csöpögtetései és fröccsentései átadták helyüket a hétköznapi tárgyak leghétköznapibb, lakonikus ábrázolásainak. A művészetben a szellemiség felváltotta vagy legalábbis kiegészítette a vizualitást. Knox Martin festményei ezt az átalakuló pillanatot teszik érzékelhetővé, megtestesítve a rivális művészetfilozófiák közötti feszültséget. Művei a mindennapi valóságra utalnak, éppúgy, mint a Campbell leveses dobozok vagy a Coca-Cola üvegek.”[25] 2014 és 2022 között, a közel százévesen is teljes erejében alkotó Martin egy munkaasztalára helyezett kis üvegvázában mindennap összeállított, majd lerajzolt egy Jan Davidsz. de Heem virágcsendéleteit idéző csokrot. Vonalrajzait még aznap ki is színezte vízfestékkel, pontosan úgy, mint gyerekkorában a kifestőkönyveit, vagy ahogy fiatal korában a New York-i Metropolitan Museumban másolta kedvenc mestereit – ha éppen nem De Heemet, akkor Tizianót, Goyát vagy Velázquezt. „Nem virágokat festek, hanem festményt!” – idézte Martin Henri Matisse-t, amikor

KNOX MARTIN
Cím nélkül
2022
(55. kat. sz.)

KNOX MARTIN
Untitled
2022
(cat. 55)

new chapters. "(…) in no sense can we speak of linear development or of a sequence of stages, with each subsequent stage building on the one before; rather, what comes through in his art is a sense of freedom and a singular faith in art, derived from sharp turns, diversifications, transitions, sudden changes, reopenings and recapitulations, and wanderings through the mind and soul", Kinga Bódi said, before posing a question that is (also) key to our present topic: "It is possible to state whether an oeuvre began and ended at specific points?"[26] If the answer is yes, then let us consider Richter's oeuvre as a (painterly) opus that began in 1962 and ended in 2020 with his 957th work. Not included in this, however, are the drawings he made, almost as an aside, from 1964 onwards, and which, as autonomous works, he essentially ignored for a long time. One possible explanation for this is that "while his entire oeuvre is about the exclusion of everything 'personal', his drawings, on the other hand, are the most personal works in his oeuvre".[27] Thus, Richter, who attempts with scientific precision to deprive his grandiose and varied oeuvre of personal aspects, has long tried to keep hidden his drawings, which despite every effort are personal, characterised by a unified visuality (the interplay or alternation of sharp lines and shaded surfaces); a small, at times almost trifling size; and ceaseless production. The clearest proof of the latter is his diligent practice in recent years of creating a drawing daily, as if keeping a genuine diary (with the date written on the pages). After consciously concluding his life's work as a painter, it seems as though he has found this as a way to channel his fervent creative drive, as a way to escape. These daily drawings of his later years – works that can be said to fall outside his oeuvre – are particularly interesting given that in the early stages of his career, he did not treat drawing as an artistic endeavour in its own right. Rather, his drawings were for the most part evidence of his artistic thought process, the refinement of certain phases, or at times, mere creative doodling. He described his attitude to his drawings as "sceptical",[28] which shows his doubt about how and to what extent they were part of his oeuvre. For us, as observers, this uncertainty leaves some room. If the greater part of his oeuvre is presented within the bounds of his own rigorous (self-)interpretation – thus narrowing the recipient's scope for interpretation –, his late works, at least, allow for free reflection.

Judit Reigl* (1923–2020) was ninety-two years old when she started *Dance of Death*, her transcendent series of small-scale *vanitas*

saját kései *Virág*airól beszélt. A fiatal Matisse, szintén egy múzeumban – a Louvre-ban – másolta először De Heemet. Húsz évvel később, 1915-ben kubista szemszögből értelmezte a holland mester 1640-ben készült *La Desserte* című csendéletét, majd haláláig idézte virágcsendéleteit. Kései virágváltozataiban Martin intim naplóként jelenítette meg nagy példaképei, De Heem és Matisse többszörösen is rokon művészetét. A művek kis mérete, letisztult szerkezete és a művész gyors, laza, de pontos gesztusai azt sugallják, hogy festés közben, túl az *hommage*-on és az alkotás örömén, a művész saját életét próbálta megérteni.

Noha napi rendszeressége miatt naplójelleget is tulajdoníthatunk Knox virágsorozatának, nála tudatosabban és direktebb módon készít valódi naplórajzokat Gerhard Richter (1932). Az életművét tudatosan (ön)értelmező művész folyamatos stílusváltásokkal, elképesztő széles skálán mozogva, periodikusan nyitott új fejezeteket az évtizedek során. „A legkevésbé sem beszélhetünk azonban lineáris fejlődésről, egymást követő, egymásra épülő szakaszokról, sokkal inkább fordulatok, szerteágazások, átjárások, váltások, újranyitások, vagy éppen visszatérések, valamint szellemi kalandozások adta szabadságérzet és a művészetbe vetett egyedüli hit jelennek meg munkáiban” – állítja Bódi Kinga, mielőtt felteszi a kérdést, amely jelen témánknak (is) a kulcsa: „Ki lehet-e mondani, hogy egy életmű egy adott ponton elkezdődött és egy adott ponton befejeződött?”[26]
Ha a válasz igen, akkor tekintsük Richter életművét egy 1962-ben elkezdett és 2020-ban a 957. művel abbahagyott (festészeti) opusznak. Ez azonban nem tartalmazza azokat a rajzokat, amelyeket mintegy mellékesen 1964 óta készített, s amelyekről mint autonóm művekről sokáig szinte nem is vett tudomást. Ennek egyik lehetséges magyarázata lehet, hogy „miután egész festészeti életműve minden »személyes« kizárásáról szól, addig rajzai éppen ellenkezőleg, az *œuvre* legszemélyesebb alkotásai”.[27] Tehát a művész, akinek művészete tudományos pontossággal igyekszik a személyes vonatkozásoktól megfosztani grandiózus és változatos festői életművét,

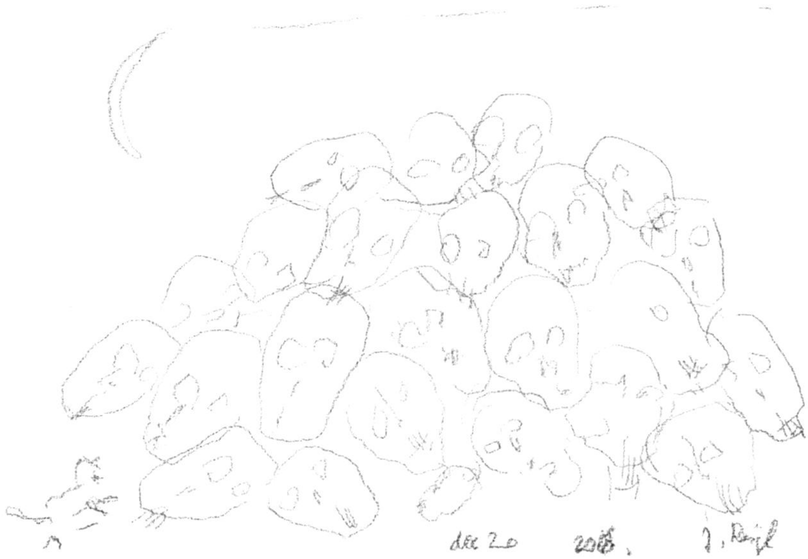

drawings. Like Richter, she worked on letter-sized sheets of paper, using the simplest of tools: a pencil. Reigl's decision to title her own series *Dance of Death* was not only in homage to Holbein. She felt that with all the skulls and swirling bodies she was drawing and because her hand seemed to be re-enacting her body's dance-like movements from the years when she painted large canvases her drawings, regardless of what she called them, were already her own dance of death. As a young art student in Budapest, Reigl had made hundreds of copies of her favourite paintings at the Museum of Fine Arts. Her *vanitas* drawings in our collection reiterate such works as Albrecht Dürer's woodcut *Four Horsemen of the Apocalypse* (1498) and Gottfried Libalt's canvas *Skulls* (1660). Reigl said that thinking about herself drawing at her table reminded her of Wang Fo, the elderly Chinese painter in Marguerite Yourcenar's tale, who escapes the emperor's death sentence by sailing away in a boat at sea that he had painted on a scroll. Drawing allowed her to evade the trap of inevitable decline. "The force that motivated me as a child to make my first drawings is still there driving me", she said. "There's a good word for it in physics: inertia. Even though my oeuvre is complete in terms of painting, what I draw these days is like a musician's encore after an exhausting recital. It might be one encore or several, any number – light finger exercises to please the audience. I am

éppen rajzait igyekezett sokáig háttérbe szorítani, amelyek minden szándéka ellenére személyesek, egységes vizualitás (éles vonalak és satírozott felületek egymásra játszása vagy váltakoztatása), kis, olykor szinte jelentéktelen méret jellemzi őket és abbahagyhatatlan sorozatként születtek. Utóbbira legfőbb bizonyíték, hogy valódi naplójelleggel (a lapokon a dátumot rögzítve) az elmúlt években napi szinten alkot belőlük egyet, mintha a tudatosan lezárt festői életmű után így élné ki fékezhetetlen alkotókedvét, amolyan menekülőútra lelve. Kései – mondhatni az életművön túli –, napi rajzai annak fényében különösen érdekesek, hogy életművének korai szakaszában a rajz nem töltött be önálló szerepet, jórészt alkotói gondolkodásának, egyes fázisok kidolgozásának, olykor kreatív firkálásoknak a nyomai voltak. „Szkeptikus" – jellemezte rajzaihoz való viszonyát,[28] amely jól mutatja a kételyt, hogy ezek mennyiben és hogyan képezik alkotói életműve részét. Számunkra, szemlélői számára ugyanakkor e bizonytalanság hagy némi mozgásteret, hogy ha már életművének nagyobb részét szigorú (ön)értelmezéssel együtt kínálja fel Richter – s ezzel némiképpen leszűkíti a befogadói értelmezés terét –, legalább e kései műveiről szabadon elmélkedhessünk.

Reigl Judit* (1923–2020), aki kilencvenkét éves korában fogott hozzá megkapó, átszellemült vanitas-rajzaihoz – Richterhez hasonlóan –, kis méretű papíron és a legegyszerűbb eszközzel, a ceruzával. A *Haláltánc* címet adta sorozatának, egyrészt Holbein emlékére, másrészt pedig azért, mert a rajzok – a koponyák és testek forgatagával, valamint saját kézmozdulataival, amelyek táncszerű testmozgásának emlékét idézték fel a nagy méretű vásznak festése idejéből –, függetlenül attól, minek nevezi őket, mindenképp az ő haláltáncát jelentik. Diákéveiben Reigl sok száz másolatot készített a Szépművészeti Múzeumban őrzött kedvenc képeiről. Gyűjteményünk egyik vanitas-rajza Albrecht Dürer *Az apokalipszis négy lovasa* (1498) című fametszetének, a másik Gottfried Libalt *Koponyák* (1660) című festményének kései, átszellemült változata. Reigl említette, hogy amikor asztalánál rajzol, olyannak látja magát, mint Vang

REIGL JUDIT
Vanitas LXXXVI
2018
(63. kat. sz.)

JUDIT REIGL
Vanitas LXXXVI
2018
(cat. 63)

tired even before I start, but it feels good to be drawing, and however much strength it takes out of me, it gives back even more. What is a drawing? One line, if I were Hokusai, one would be enough... Once, when I drew myself, I wrote: Help! I thought of this. To get rid of drawing, because it keeps me alive, now it is life for me."[29]

III

> "...and by one hundred I shall perhaps truly have reached the level of the marvellous and divine."[30] – Katsushika Hokusai

Many artists, as their late works suggest, do not necessarily strive to organically continue their earlier body of work. The joy of creation and problem-solving can be fulfilling, but it is not always accompanied by a desire for closure. Successful artists, it can be observed, do not abandon their previous work but allow it to flow like an undercurrent as they experiment with something entirely new, free of stakes or constraints. While these experiments condense decades of experience, perhaps this "lack of stakes" releases new creative energies the creator was not aware of.

In May 1853, Camille Corot (1796–1875) drew his first composition on a prepared glass plate placed, which was then placed over light-sensitive photography paper. Using this previously unknown method, he produced a *cliché-verre*, a reproducible graphic artwork. At the age of fifty-seven, Corot had already been a well-known and popular artist for two decades, recognised primarily for his landscapes. He frequently exhibited his works, was awarded the French Legion of Honor in 1846, received major state commissions, and employed an entire workshop of assistants. His atmospheric scenes, often containing narrative elements, represented a break from the classicist concept of landscapes and were an important precursor of impressionism. As a pillar of the Barbizon school, he was a highly influential master; it is thus not surprising that when he began to experiment with new techniques, he quickly found followers (Eugène Delacroix, Théodore Rousseau, Jean-François Millet). However, creating a composition by scratching an image onto a glass plate, placing it over paper coated in a light-sensitive material, and exposing it to light remained a specialty of a small circle of graphic artists as it was difficult and required skill, precision, and experimentation. Corot, a staunch devotee of *cliché-verre*, continued to experiment despite his age and deteriorating eyesight. This technique was very

Fut, az idős kínai festőt Marguerite Yourcenar novellájában, aki a császár halálos ítélete elől egy olyan hajón és tengeren menekül a végtelenbe, amelyeket utolsó befejezetlen tekercsére fest. Reigl rajzolva kerülte el az elmúlás csapdáját. „Az, ami első gyerekrajzaimat motiválta, még mindig mozgat - mondta -, erre a fizikában van egy jó kifejezés: tehetetlenségi erő... Ha az életművem festményeimmel már le is zárult, amit most rajzolok, az olyasmi, mint egy zenésznek lehet a fárasztó koncert utáni ráadás. Lehet egy ráadás, lehet több, lehetne akármennyi: ujjgyakorlatok, a közönség örömére. Fáradt vagyok, még mielőtt nekikezdek, de jólesik rajzolni, és több erőt ad, mint amennyit elvesz... Mi a rajz? Egy vonal, ha Hokuszai lennék, akkor egy elég is lenne... Egyszer, amikor magamat rajzoltam, azt írtam: Help! Ez jutott eszembe. Hogy már szabaduljak meg a rajztól, mert az tart életben, most az nekem maga az élet."[29]

III.

„...és százévesen bizonyára elérkezem majd
a legmagasabb mesterségbeli tudás stádiumába."[30]
Kacusika Hokuszai

Sok művész esetében érzékelhető, hogy késői műveiben nem feltétlenül a korábbi életmű organikus folytatására törekszik. Az alkotás öröme és a problémák megoldása is jó érzéssel töltheti el, de ez az elégedettség nem mindig társul a lezárás vágyával. Megfigyelhető, hogy azok az alkotók, akik sikeresek voltak, korábbi tevékenységük felhagyása nélkül, amolyan búvópatakként, minden tét és kényszer nélkül valami egészen mással próbálkoznak. Talán e „tétnélküliség" eredménye, hogy miközben e kísérletek évtizednyi tapasztalatot sűrítenek magukba, felszabadulnak bennük az alkotó számára sem tudatosított újabb kreatív energiák is.

Camille Corot (1796–1875) 1853 májusában rajzolta első kompozícióját egy speciális anyaggal bevont üveglapra, ezzel egy addig ismeretlen, új módszerrel készült sokszorosított grafikát, egy *cliché-verre*-t alkotott meg. Az ekkor ötvenhét éves Corot immár két évtizede

much suited to his visual idiom – shaded patches, uncontoured fields – because it allowed him to achieve the brownish-black, blotchy, misty effect familiar from the early days of photography. Corot's focus in these late experiments was probably to enhance the effect of his works created using his well-honed drawing and painting skillsets. At the same time, though, he was also entertained and inspired by the process itself. Photography and related processes were in their infancy during that period, and many opposed them, partly due to their distaste for the mechanical nature of the medium and partly because they saw photography, in particular, as a challenge to the very foundations of art. People questioned whether painting would be necessary in the future if everything could be faithfully captured with the camera. Indeed, mass-produced works of little originality or artistic expression experienced decreasing demand. Corot was thus ahead of his time – and in terms of his progressivism, ahead of his own generation – in being open to novelty and boldly treading into uncharted territories; meanwhile, his experiments demonstrated that an artistic creation could be produced with any too – or even in defiance of it.

It is not only progressive when artists turn to a technique not used by others, but also when they use the old technique in a different way. Auguste Rodin (1840–1917) achieved his greatest success as a sculptor; yet, early in his career, he had been an avid draughtsman. In the last two decades of his life, he turned to his drawing toolkit to create works that went beyond mere studies for sculptures and, in fact, transcended the boundaries of contemporary drawing. Rodin's "sketch, cut, assemble" approach, as described by scholars, was unusual in itself, but the artist further enhanced his pencil drawings with watercolours.[31] He did not colour his drawings per se, but worked with watercolour over the pencil drawing and then added another layer of pencil, mainly to define the contours of the forms. Sometimes these pencil contours drifted away from the shape indicted by the watercolour. The end result was an autonomous drawing with visual impact instead of a sculpture design. His shift in art form and approach intensified in his last years, bringing his art into unexpected harmony with the most modern trends. We generally attribute the incorporation of collage into the modern artistic toolkit to the cubists – Picasso and Braque – yet Rodin was already employing this technique in his distinctive paper works around 1900. This was accompanied by another method, which he

főként tájképeiről ismert, népszerű, kiállításokon sokat szereplő, 1846-ban a francia becsületrenddel kitüntetett, nagy állami megrendeléseken, egész műhelynyi segéddel dolgozó művész volt. Művészete szakítás volt a klasszicizmus tájképfelfogásával, impresszív hangulatú tájai gyakran narratív elemekkel tarkítva fontos előzményeivé váltak az impresszionizmusnak is. A barbizoni iskola oszlopos tagjaként nagy hatású mester volt, így nem meglepő, hogy amikor új eljárással kezdett kísérletezgetni, akkor is hamar akadtak követői (Eugène Delacroix, Théodore Rousseau, Jean-François Millet). Mindazonáltal az üveglapra karcolás, majd az onnan levilágítással a fényérzékeny anyaggal bevont papírlapra kerülő kompozíciók készítése szűk grafikusi kör kedvtelése maradt, hiszen meglehetősen nehéz, jártasságot, figyelmet és kísérletezőhajlamot követelt meg művelőitől. Corot azonban – a *cliché-verre* elszánt híveként – kora és romló látása ellenére is folyamatosan kísérletezett vele. Képi világához – árnyékos foltok, kontúrtalan mezők – nagymértékben illet ez az eljárás, hiszen a fotográfia hajnaláról ismert barnásfekete, foltszerű, ködös hatást lehetett vele elérni. Valószínűleg Corot-t éppen az foglalkoztatta e kései kísérleteiben, hogy a már jól begyakorolt rajzokkal vagy festészeti eszközökkel megalkotott műveinek hatását fokozza, ugyanakkor maga az eljárás is szórakoztatta és inspirálta. Ekkoriban a fotográfia – és a vele rokon eljárások – igencsak gyerekcipőben jártak, ráadásul sokan ellenségesen is viszonyultak hozzá. Részben mert ódzkodtak gépiességétől, részben – úgy általában a fényképezés kapcsán – a művészet alapjainak megkérdőjelezését látták benne. Sokan tették fel a kérdést, mi szükség lesz a jövőben a festészetre, ha minden élethűen megörökíthető a fényképezőgéppel. Valóban, a sorozatban gyártott, csekély egyediséggel és művészi mondanivalóval bíró alkotásokra egyre kevésbé volt szükség. Corot azzal járt kora – és progresszivitásával saját életkora – előtt, hogy nyitott volt az újdonságra és bátran lépett járatlan útra, kísérletezései pedig megmutatták, hogy művészi produktum bármely eszközzel – vagy ellenében – létrehozható.

had also used as a sculptor and which was considered quite progressive among his contemporaries: he would often draw his nude models for hours as they moved freely around his studio, without constraints or instructions. Through this process, he gained enormous experience in the representation of the female body, which he retained in his visual memory and used in his drawing experiments in an increasingly fluid manner, achieving forms that almost floated in the void. Rodin's oeuvre of some eight thousand drawings surprises those who rightly regard him as the father of modern sculpture and the only true representative of impressionist sculpture.

James McNeill Whistler's (1834–1903) career and change of outlook intersected with Rodin's at several points. Not only did he quickly become known and respected but was also master of two areas that would define nineteenth-century art. Whistler integrated Eastern art with greater sensitivity than most other artists, taking a new approach to space and perspective, framing his images more boldly, employing Eastern motifs (bridges, boats), and using veiled, muted tones. His Japonism was itself a kind of artistic reform, and by revitalising the centuries-old technique of etching, he laid the groundwork for the nineteenth-century *etching revival*. Employing this process, considered by many antiquated and tedious, he produced modern representations, some Japanising, some boldly abstract. He thus validated the technique, which had been fundamentally challenged by photography, a medium better suited to producing exact likenesses. In the mid-1890s, after consistently achieving success, he unexpectedly produced a series that had no precedent in his oeuvre. As with Rodin, the motivation behind depicting the uninhibited movement of nude models and their playful interaction with sheer veils remains a mystery. What inspired the artist, who was by this time already an expert in classical composition, to create this series was unknown even to his close friend, the art connoisseur Joseph Pennell, who compiled a catalogue of his works and wrote the first monograph of the artist. In fact, Pennell was unsure when the works were made and only attempted to date them later with the help of other works. Whistler's "play" with women's bodies suggests that, like Rodin and Gustav Klimt, he may have been introduced to the earlier art pedagogy of Marie-Élisabeth Cavé. Her approach, popularized in drawing schools, was developed in the mid-nineteenth century but only became widespread towards the end of the century. According to methodology, the best artistic practice was to draw

Nemcsak az lehet progresszív, ha más által nem használt technika felé fordul egy alkotó, hanem az is, ha a régit használja másként. Auguste Rodin (1840–1917) szobrászként ért sikerei csúcsára, de már pályája elején is kedvtelve rajzolt. Életének utolsó két évtizedében kezdett el rajzi eszközökkel olyan műveket alkotni, amelyek túlmutatnak a szobrászi tanulmányrajzokon, sőt valójában a kortárs rajzművészet keretein is. Az elemzői által bemutatott „vázolni, kivágni, összeilleszteni"-gondolkodás már önmagában is szokatlan volt, de ezt Rodin még azzal is fokozta, hogy a ceruzarajzot akvarellel gazdagította.[31] Nem kiszínezte rajzait, hanem a ceruzarajzra dolgozott rá akvarellel és azt újabb, többnyire a formát kontúrral kiegészítő ceruzavonásokkal írta felül. Olykor e kontúrt elcsúsztatta a formától, amelyet az akvarell előzőleg kijelölt. Valódi vizuális hatással bíró autonóm rajzot hozott létre, nem pedig szobrászi segédeszközt. E műfaj- és szemléletváltás az utolsó éveiben erősödött fel, amivel művészete váratlan összecsengésbe került a legmodernebb tendenciákkal. Többnyire a kubistáknak, Picassónak és Braque-nak tulajdonítjuk, hogy a kollázst beemelték a modern kori alkotói eszköztárba, pedig Rodin már 1900 körül alkalmazta ezeken a sajátos papírmunkáin. Mindehhez társult az a már szobrászként is alkalmazott eljárás, amely meglehetősen progresszívnek számított kortársai körében: meztelen modelljeit sokszor órákon át rajzolta, miközben szabadon, kötöttségek és instrukciók nélkül sétálgattak műtermében. Ennek köszönhetően óriási tapasztalatra tett szert a női test ábrázolásában, amelyet vizuális memóriájában megőrizve rajzkísérleteihez használt fel egyre oldottabb formában, szinte a semmiben lebegő formákig jutva el. Rodin mintegy nyolcezer darabra tehető rajzi életműve meglepi azokat, akik – joggal – a modern szobrászat atyjának, az impresszionista plasztika egyetlen valódi képviselőjének tartják.

James McNeill Whistler (1834–1903) karrierje és szemléletváltásának módja több ponton is találkozik Rodinével. Whistler nagyon hamar ismert és elismert lett, ráadásul két olyan területet is meghódított, amely

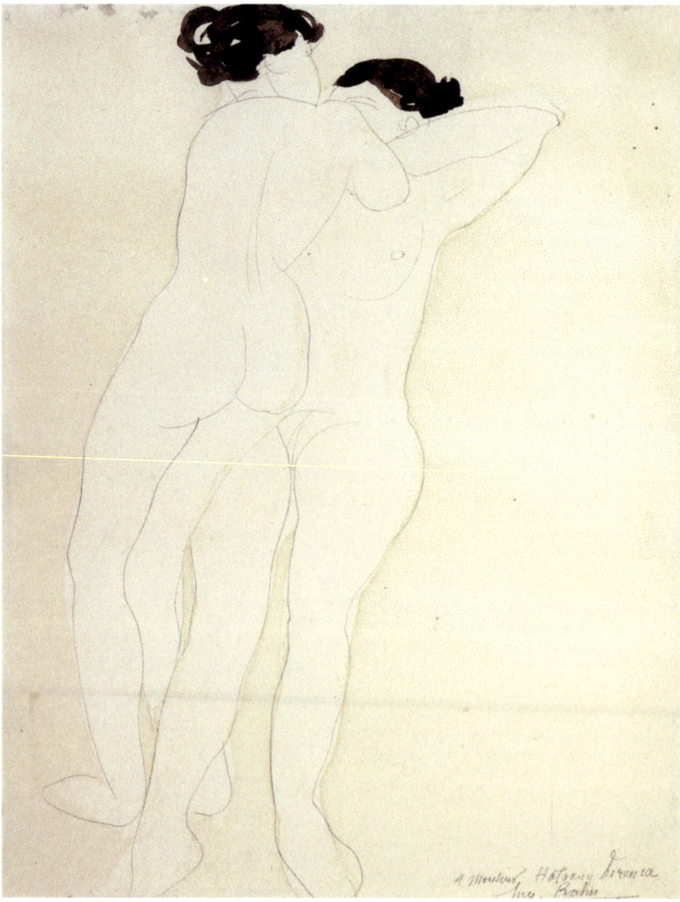

AUGUSTE RODIN
Ölelkező női aktok
1900 körül
(kat. sz. 67.)

AUGUSTE RODIN
Embracing Nude Women
ca. 1900
(cat. 67)

living, moving figures rather than copy model sheets and sculptures or study live models in motionless poses, as was required in academies. In addition, Cavé specifically advised her students not to focus on their drawings while working but to keep their eyes on the model, committing the image to memory while allowing their hands to follow their gaze automatically. This enabled students to capture the movements accurately, even without the presence of the model. It is not known whether Whistler was engaged in such experiments or whether he was fascinated by the veil dances fashionable at the time, just as Toulouse-Lautrec was captivated by the movements of the dancer Loïe Fuller. He might also have been inspired by the ballerina drawings of Edgar Degas to attempt studies in movement and material. The Tanagra sculptures, which he had collected since the 1860s and which had previously appeared in his paintings,

a 19. század művészetét alapvetően határozta meg. Whistler a keleti művészet egyik legérzékenyebb integrálójaként a tér és a perspektíva újszerű felfogását, merészebb képkivágást, keleti motívumokat (híd, csónak), továbbá fátyolszerűen tompa, fakó színeket alkalmazott. Japonizmusa már önmagában is reformként hatott, a többszáz éves rézmetszet technikájának felfrissítésével pedig a 19. század ún. *etching revival* (rézmetszet-reneszánsz) mozgalmát alapozta meg. A sokak által avíttnak és unalmasan reproduktívnak tartott eljárással készített modern, részben japonizáló, részben merészen absztraháló ábrázolásokat, amivel bizonyítani tudta a technika létjogosultságát, amit a reprodukciós feladatokra alkalmasabb fotográfia alapjaiban kérdőjelezett meg. Egyöntetű szakmai sikerei után/közben az 1890-es évek közepén teljesen váratlanul készített egy olyan sorozatot, amelynek semmiféle előzménye nem volt életművében. Rodinhez hasonló módon a ruhátlan modellek szabad, fesztelen mozgásának és a fátyolkendőkkel való játék ábrázolásának motivációja megfejthetetlen Whistler esetében. Hogy mi inspirálta ennek a sorozatnak az elkészítésére az ekkor már rutinos és klasszikus kompozíciókban gondolkodó alkotót, azt még a vele szoros kapcsolatban álló és műjegyzékét, illetve első monográfiáját összeállító művészbarát, Joseph Pennell sem tudta megmondani. Sőt, valójában Pennell a műveket kezdetben datálni sem igazán tudta, csak később, más művek segítségével kísérelte meg. Whistler „játéka" e női testekkel felveti, hogy Rodinhez, illetve Gustav Klimthez hasonlóan ő is ekkor ismerkedhetett meg azzal a korábbi művészetpedagógiai módszerrel, amely Marie-Élisabeth Cavé nevéhez fűződik. E rajziskolákban propagált, gyakorlatilag a 19. század közepén kidolgozott, de csak a század vége felé elterjedt felfogás szerint a legjobb művészi gyakorlat az eleven, mozgó alakok rajzolása (az akadémiákon megkövetelt mintalap- és szobormásolás, illetve a mozdulatlan modellek tanulmányozása helyett). Cavé ráadásul kifejezetten azt javasolta diákjainak, hogy rajzolás közben ne is a rajzra koncentráljanak, hanem a modellen tartsák szemüket,

have also been suggested as a source of inspiration for his drawings. In any case, there is no question that his series reflects the joy of an artist at the pinnacle of his career as he engaged in delicate experiments on paper. Moreover, like Rodin, he experimented with paper itself: some of his prints were produced with the thinnest possible layer of ink on gossamer-thin Japanese or Chinese paper; thus, the veil, an important and superbly rendered subject in Whistler's paintings, appears here as both theme and medium.

The thirteen oeuvres briefly presented here demonstrate the diversity, and occasionally the commonality, of end-of-life works and ideas without aiming to be exhaustive. These diverse life journeys and oeuvres stem from a variety of attitudes and furthermore from the way each artist related to their own life's work or to its conclusion. Only one common thread can be identified among the artists: an inner drive and a relentless compulsion to create, unmatched by anything but time.

*I would like to express my thanks to János Gát for his help in writing the sections on Knox Martin and Judit Reigl.

véssék memóriájukba a látványt, miközben kezük szinte automatikusan követi a szemüket. Így a későbbiekben akár modell nélkül is képesek lesznek a mozdulatok pontos rögzítésére. Nem tudjuk, Whistler is ezzel kísérletezett-e, vagy a korban divatos fátyoltáncok látványa nyűgözte le, mint Loïe Fuller táncosnő Toulouse-Lautrecet, esetleg Edgar Degas balerinarajzai ösztönözték a mozgás- és anyagtanulmányok kipróbálására. Felmerült az is, hogy az 1860-as évek óta általa gyűjtött és korábban a festményein is visszaköszönő Tanagra-szobrok ihlették e rajzokra. Kétségtelen azonban, hogy egy, a pályája zenitjén álló alkotó örömét tükrözi, ahogy finom kísérletezésbe kezd a papíron. Rodinhez hasonlóan a papírral magával is kísérletezett, mert e lapok olykor a lehető legvékonyabb festékréteggel leheletvékony japán- vagy kínai papírra lettek nyomtatva, így a fátyol, amely egyébként Whistler festői munkásságának is egyik fontos és bravúrosan ábrázolt tárgya volt, itt mint téma és mint hordozó is megjelenik.

A röviden bemutatott tizenhárom alkotói életmű a különböző, esetenként mégis egybecsengő életvégi alkotások és gondolatok példái – a teljesség igénye nélkül. E sokféle életút és *œuvre* sokféle magatartásformából fakad, s abban is különböznek, hogy kinek milyen viszonya volt saját életművével vagy annak lezárásával. Egyetlen közös pontot fedezhettünk fel bennük, mégpedig azt, hogy az alkotás mindannyiukban olyan belső motiváció és olthatatlan kényszer volt, amely mindennel, csak éppen az idővel nem tudta felvenni a versenyt.

*Itt szeretném megköszönni Gát Jánosnak a Knox Martin és Reigl Judit szövegrészek megírásában nyújtott segítségét.

1 "Egon Schiele. Wet Evening (1910, detail)." Translated by Leopold Museum Vienna. *Egon Schiele and His Age: Masterpieces from the Leopold Museum Vienna.* Exhibition catalogue. Budapest: Museum of Fine Arts, 2013, p. 175.

2 Brassaï. *Conversations with Picasso.* Translated by J. Mathews. Chicago: University of Chicago Press, 1999, p. 308.

3 According to some sources, the cause of death was a heart attack, while others attribute it to tuberculosis.

4 The Museum of Fine Arts, Budapest, one of the few public collections to own works by Eychenne, purchased them from art dealer Charles Hessele between 1900 and 1916.

5 In 1912, he was charged with public immorality – with his drawings deemed pornographic serving as evidence – and was sentenced to twenty-four days in prison.

6 Excerpt from an unsent letter to Theo van Gogh and from Letter 889. Quoted in Bregje Gerritse and Sara Tas, "The First Signs of Recognition." In *Van Gogh in Auvers-sur-Oise: His Final Months.* Eds. Nienke Bakker, Emmanuel Coquery, Teio Meedendorp, and Louis van Tilborgh. Amsterdam: Van Gogh Museum, pp. 180, 182.

7 Ibid., p. 128.

8 Letter written to Theo van Gogh on 7 August 1883. Van Gogh Museum: "Letter 371", *Van Gogh Letters.* Available at: https://vangoghletters.org/vg/letters/let371/letter.html. Last accessed: 4 March 2025.

9 Quoted in Brassaï 1999, p. 327.

10 Quoted in Matilla and Marqués. *Goya. Drawings.* Exhibition catalogue. Madrid: Museo Nacional del Prado, 2019, p. 366.

11 Sheet 54 of the Bordeaux sketchbook, 1824–1828, Museo Nacional del Prado, Madrid.

12 Quoted in Matilla and Marqués 2019, p. 357.

13 Sarah Symmons, ed. Goya: *A Life in Letters.* London: Pimlico, 2004.

14 Harris based his interpretation on the title *Los proverbios* (*Proverbs*), chosen for the first posthumous edition of the series in 1864, but it has been proven that the title was not given by Goya.

15 Cf. *Goya's Graphic Imagination.* Ed. Mark McDonald. Exhibition catalogue. New York: The Metropolitan Museum of Art, 2021, pp. 248–249.

16 *Manet and Modern Beauty: The Artist's Last Years.* Eds. Scott Allan, Emily A. Beeny, and Gloria Groom. Exhibition catalogue. Los Angeles: Getty Publications, 2019–2020.

17 Ibid., p. 3.

18 Ibid., p. 311.

19 Even contemporary critics recognised the painting as more than a simple portrait. The subject was "an emblem of a quintessentially modern social type: the youthful, pretty, fashion-conscious Parisienne." (Ibid.)

20 See: Juliet Wilson-Bareau. "Manet's One and Only Jeanne… and Guérard's Later Plate." *Art in Print* 8, no. 6 (March–April 2019): 36–41.

21 Allan, Beeny, and Groom, eds. 2019–2020, p. 4.

22 Brassaï 1999, p. 327.

23 Ibid., p. 318.

24 Ibid., p. 343.

25 Arthur C. Danto. "Adventures in Pictorial Reason: The Painting of Knox Martin." In *Knox Martin Recent Work.* Exhibition catalogue. New York: Janos Gat Gallery, 1998, pp. 1–2.

26 Kinga Bódi. "The Art of Semblance and the Semblance of Art. The Early Decades of Gerhard Richter's Career." In *Truth in Semblance. Gerhard Richter.* Ed. Kinga Bódi. Exhibition catalogue. Budapest: Museum of Fine Arts – Hungarian National Gallery, 2021, p. 16.

27 Ibid., p. 161.

28 Ibid., p. 157.

29 Janos Gat. "Judit Reigl's Dance of Death (to the Tune of Diabelli's Waltz)." In *Judit Reigl: Dance of Death: Drawings 2015–2020.* Eds. Janos Gat and Zsolt Petrányi. Exhibition catalogue. Budapest: Museum of Fine Arts, 2023, p. 19.

30 From the preface to *One Hundred Views of Mount Fuji* (1837), which Hokusai signed with the name: "An Old Man Mad About Art."

31 *Ecstasies. Drawings by Auguste Rodin.* Ed. Cecilie Høgsbro Østergaard. Exhibition catalogue. Copenhagen: Statens Museum for Kunst, 2016–2017, p. 188.

1 „Egon Schiele: Ázott este (1910, részlet).” Kurdi Imre fordítása. In: *Egon Schiele és kora. Remekművek a bécsi Leopold Múzeumból.* Kiáll. kat. Szépművészeti Múzeum, Budapest, 2013, 175.
2 Brassaï: *Beszélgetések Picassóval.* Corvina Kiadó, Budapest, 1968, 226.
3 Egyes források a szívrohamot, míg mások a tuberkolózist jelölik meg halála okának.
4 Eychenne műveit a Szépművészeti Múzeum – amely a művésztől alkotást birtokló kevés közgyűjtemény egyike – Charles Hessele műkereskedőtől vásárolta 1900 és 1916 között.
5 1912-ben megrontás vádjával – amelyre pornográfnak minősített rajzait tekintették bizonyítéknak – huszonnégy napos börtönre ítélték.
6 Részlet egy Theo van Goghnak írt, el nem küldött levélből és a 889. levélből. Idézi Bregje Gerritse – Sara Tas: „The First Signs of Recognition.” In: *Van Gogh in Auvers-sur-Oise. His Final Months.* Szerk. Nienke Bakker – Emmanuel Coquery – Teio Meedendorp – Louis van Tilborgh. Kiáll. kat. Van Gogh Museum, Amsterdam, 2023, 180., 182. A szövegben szereplő idézeteket a szerző fordította.
7 Uo., 128.
8 1883. augusztus 7. Theo van Goghnak írt 371. levél. *Van Gogh Letters.* Elérhető: https://vangoghletters.org/vg/letters/let371/letter.html. Utoljára letöltve: 2025. március 4.
9 Idézi Brassaï 1968, 245.
10 José Manuel Matilla – Manuela B. Mena Marqués: *Goya. Drawings.* Kiáll. kat. Museo Nacional del Prado, Madrid, 2019, 366.
11 Az 54. lap az ún. bordeaux-i vázlatkönyvből, 1824–1828, Museo Nacional del Prado, Madrid.
12 Idézi Matilla–Marqués 2019, 357.
13 *Goya. A Life in Letters.* Szerk. Sarah Symmons. Pimlico, London, 2004.
14 Harris a sorozat első, 1864-es (posztumusz) kiadásának választott *Los proverbios (Közmondások)* címből indult ki, de ez bizonyítottan nem Goyától származik.
15 Vö. *Goya's Graphic Imagination.* Szerk. Mark McDonald. Kiáll. kat. The Metropolitan Museum of Art, New York, 2021, 248–249.
16 *Manet and Modern Beauty. The Artist's Last Years.* Szerk. Scott Allan – Emily A. Beeny – Gloria Groom. Kiáll. kat. Getty Publications, Los Angeles, 2019–2020.
17 Uo., 3.
18 Uo., 311.
19 Már a korabeli kritika is felfedezte, hogy az egyszerű portrén túl az ábrázolt „egy kivintesszenciális modern társadalmi típus megtestesülése: a fiatal, csinos, divattudatos *párizsi nőé*”. Uo.
20 Lásd: Juliet Wilson-Bareau: „Manet's One and Only Jeanne… and Guérard's Later Plate.” *Art in Print,* 8. évf. 6. sz. 2019. március–április, 36–41.
21 Allan–Beeny–Groom (szerk.) 2019–2020, 4.
22 Brassaï 1968, 235.
23 Uo., 245.
24 Uo., 258.
25 Arthur C. Danto: „Adventures in Pictorial Reason: The Painting of Knox Martin.” In: *Knox Martin. Recent Work.* Kiáll. kat. Janos Gat Gallery, New York, 1998, 1–2.
26 Bódi Kinga: „A látszat művészete, a művészet látszata. Gerhard Richter munkásságának korai évtizedei.” In: *Valós látszat. Gerhard Richter.* Szerk. Bódi Kinga. Kiáll kat. Szépművészeti Múzeum – Magyar Nemzeti Galéria, Budapest, 2021, 17.
27 Uo., 161.
28 Uo., 157.
29 Gát János: *Csillapíthatatlanul szomjazzák a végtelent – Beszélgetések Reigl Judittal – Egy festő (ön)életrajza.* Corvina, Budapest, 2020, (E-book), 109.
30 A *Fudzsi száz látképe*-sorozat (1837) előszavából, amelyet Hokuszai e névvel szignált: „Őrült öregember a művészetért”.
31 *Ecstasies. Drawings by Auguste Rodin.* Szerk. Cecilie Høgsbro Østergaard. Kiáll. kat. Statens Museum for Kunst, Koppenhága, 2016–2017, 188.

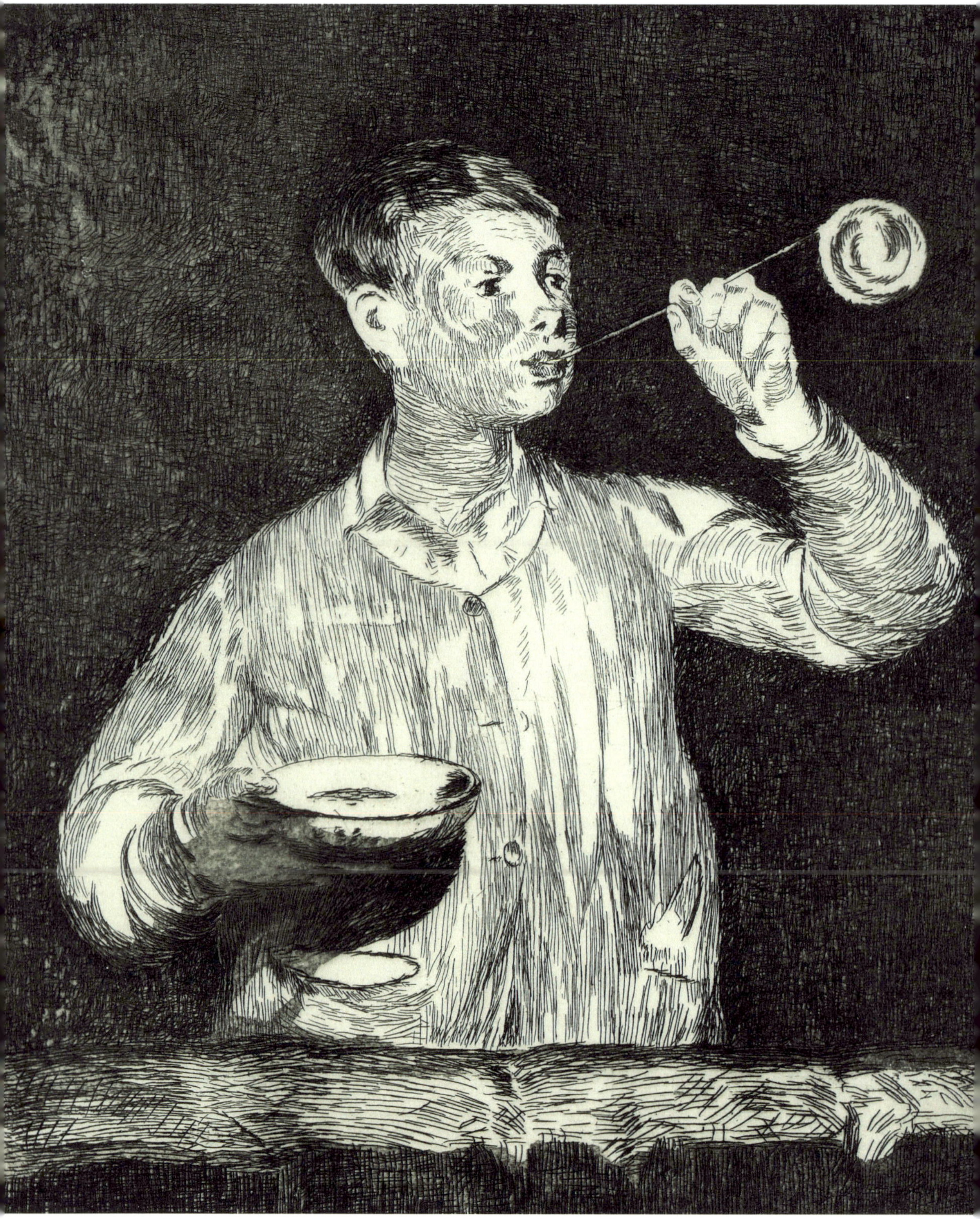

A KIÁLLÍTOTT MŰVEK JEGYZÉKE

LIST OF EXHIBITED WORKS

PERNECZKY GÉZA

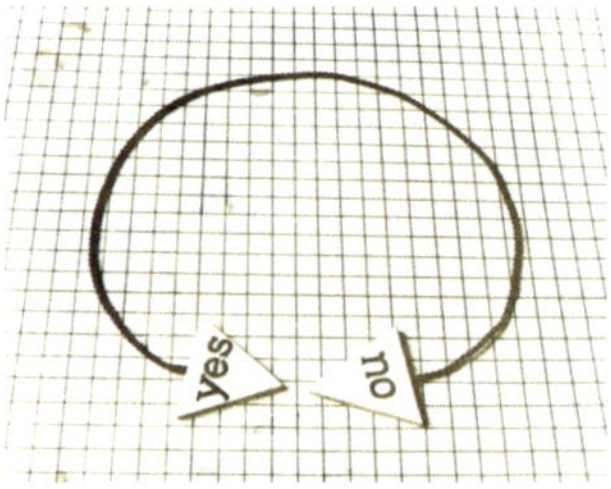

1.1

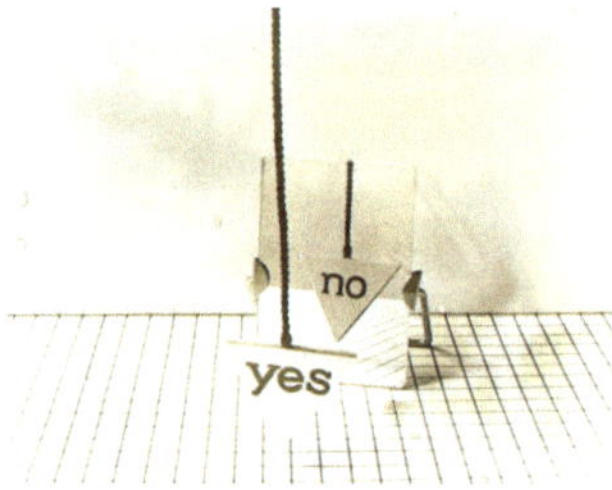

1.2

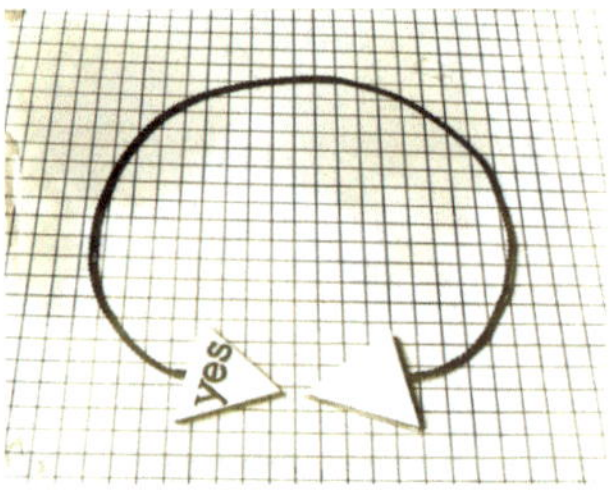

1.3

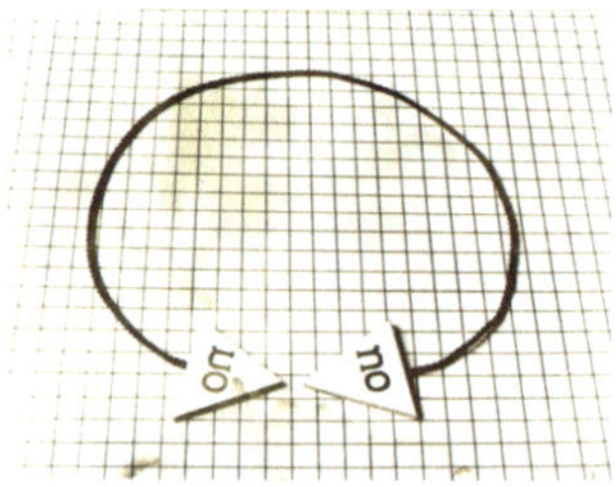

1.4

1. kat. sz.
PERNECZKY GÉZA
(1936)
Igen - Nem I-IV.
1971
Ezüst zselatin nagyítás,
fekete-fehér fotó
kartonra kasírozva
Egyenként 240 × 300 mm
A művész ajándéka, 1990
Magyar Nemzeti Galéria
Jelenkori Gyűjtemény
Ltsz. MM90.24.1-4

cat. 1
GÉZA PERNECZKY
(1936)
Yes - No I-IV
1971
Gelatin silver print,
black and white photo
mounted on cardboard
240 × 300 mm (per each)
Gift of the artist, 1990
Hungarian National Gallery
Contemporary Art Collection
Inv. no. MM90.24.1-4

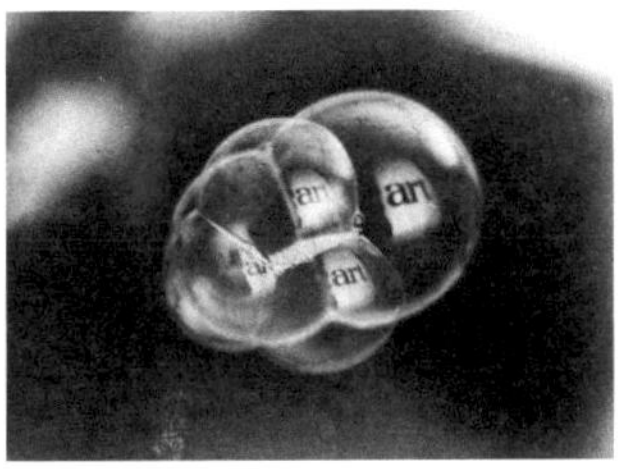

2.1

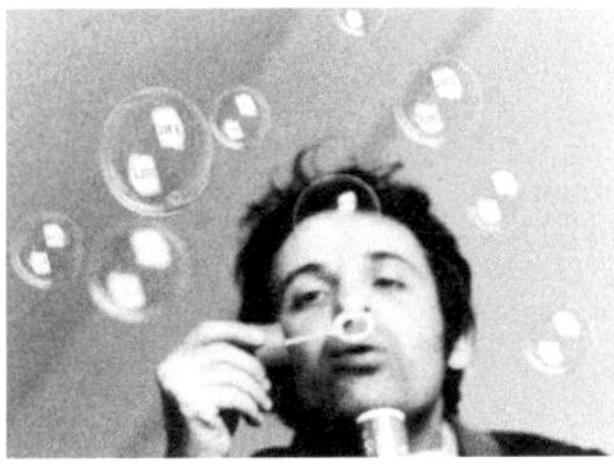

2.2

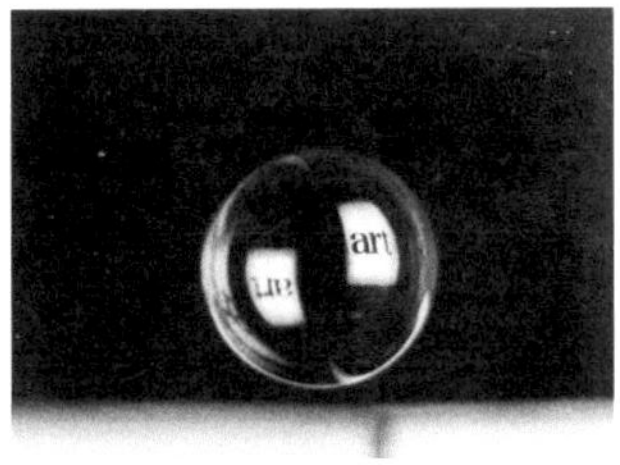

2.3

2. kat. sz.
PERNECZKY GÉZA
(1936)
Művészet-buborékok I–III.
1972
Ezüst zselatin nagyítás,
fekete-fehér fotó
kartonra kasírozva
Egyenként 180 × 240 mm
A művész ajándéka, 1990
Magyar Nemzeti Galéria
Jelenkori Gyűjtemény
Ltsz. MM90.23.1–3

cat. 2
GÉZA PERNECZKY
(1936)
Art Bubbles I–III
1972
Gelatin silver print,
black and white photo
mounted on cardboard
180 × 240 mm (per each)
Gift of the artist, 1900
Hungarian National Gallery
Contemporary Art Collection
Inv. no. MM90.23.1–3

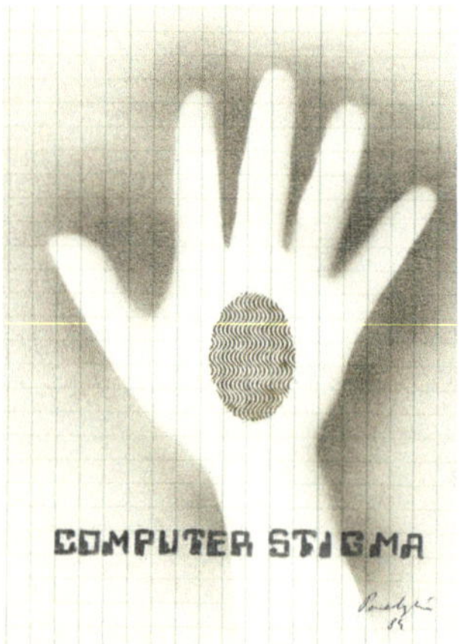

3. kat. sz.
PERNECZKY GÉZA
(1936)
„Time tension"
(mail art lapok)
1982
Ofszetnyomat, papír
Változó méretek
A művész ajándéka, 1985
Ltsz. L.85.38–42

cat. 3
GÉZA PERNECZKY
(1936)
"Time tension"
(mail art sheets)
1982
Offset print on paper
Various sizes
Gift of the artist, 1985
Ltsz. L.85.38–42

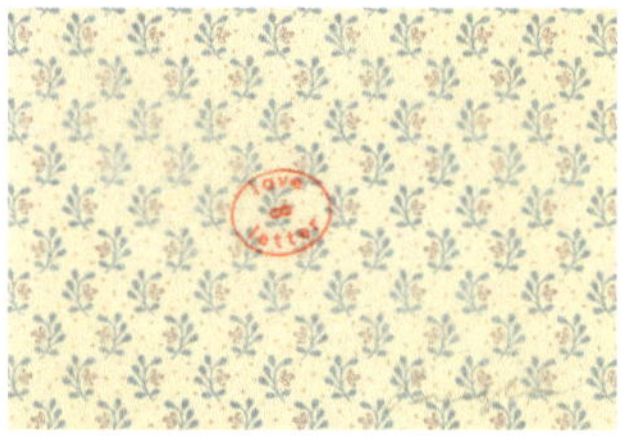

4. kat. sz.
PERNECZKY GÉZA
(1936)
„Love Letters" / „Post Infinite" / „Yours sincerely" / „Yours ever"
(mail art lapok)
1982
Vegyes technika, papír
Változó méretek
A művész ajándéka, 1985
Ltsz. L.85.21–37

cat. 4
GÉZA PERNECZKY
(1936)
"Love Letters" / "Post Infinite" / "Yours sincerely" / "Yours ever"
(mail art sheets)
1982
Mixed media on paper
Various sizes
Gift of the artist, 1985
Inv. no. L.85.21–37

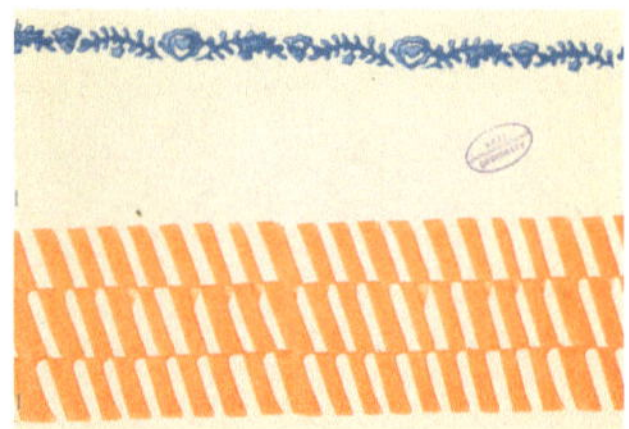

5. kat. sz.
PERNECZKY GÉZA
(1936)
Linear Pictures and Large Pieces
(művészkönyv)
1985
Vegyes technika, papír
300 × 428 mm
A művész ajándéka, 1985
Ltsz. L.85.43

cat. 5
GÉZA PERNECZKY
(1936)
Linear Pictures and Large Pieces
(Artist's Book)
1985
Mixed media on paper
300 × 428 mm
Gift of the artist, 1985
Inv. no. L.85.43

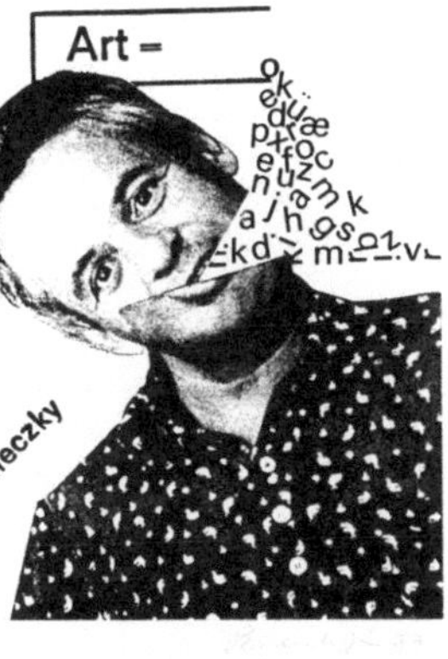

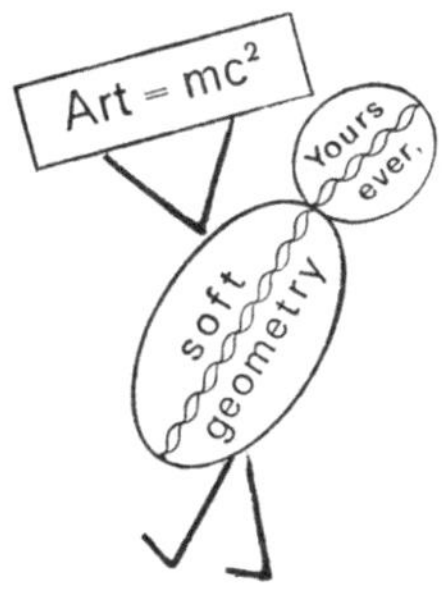

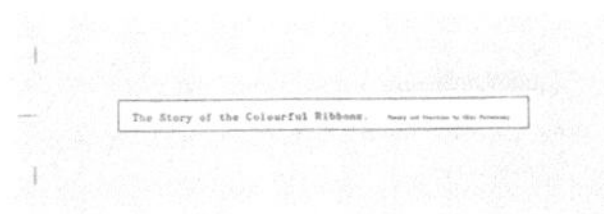

6. kat. sz.
PERNECZKY GÉZA
(1936)
Art=mc^2
(mail art lapok)
1987
Ofszet, pecsét, papír
Egyenként 148 × 210 mm
A művész ajándéka, 1988
Ltsz. L.88.2–12

cat. 6
GÉZA PERNECZKY
(1936)
Art=mc^2
(mail art sheets)
1987
Offset print and stamp on paper
148 × 210 mm (per each)
Gift of the artist, 1988
Inv. no. L.88.2–12

7. kat. sz.
PERNECZKY GÉZA
(1936)
Medicine for Pathos Academism & Cadaverous Smell in the Art
(mail art lapok)
1987
Ofszet, pecsét, papír
Egyenként 148 × 106 mm
A művész ajándéka, 1987
Ltsz. L.87.97/1–9

cat. 7
GÉZA PERNECZKY
(1936)
Medicine for Pathos Academism & Cadaverous Smell in the Art
(mail art sheets)
1987
Offset print on paper
148 × 106 mm (per each)
Gift of the artist, 1987
Inv. no. L.87.97/1–9

8. kat. sz.
PERNECZKY GÉZA
(1936)
„The Story of the Colourful Ribbons"
(művészkönyv)
1987
Ofszet, papír
150 × 425 mm
A művész ajándéka, 1988
Ltsz. L.88.1

cat. 8
GÉZA PERNECZKY
(1936)
"The Story of the Colourful Ribbons"
(Artist's Book)
1987
Offset print on paper
150 × 425 mm
Gift of the artist, 1988
Inv. no. L.88.1

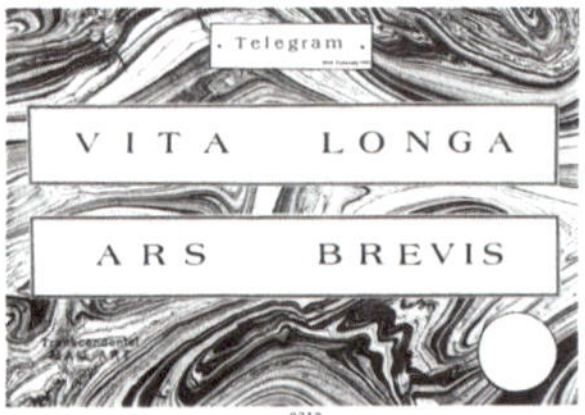

9. kat. sz.
PERNECZKY GÉZA
(1936)
„Transcendental Mail Art"
(mail art lapok)
1987–1988
Vegyes technika, papír
Egyenként 210 × 298 mm
A művész ajándéka, 1988
Ltsz. L.88.14–29

cat. 9
GÉZA PERNECZKY
(1936)
"Transcendental Mail Art"
(mail art sheets)
1987–1988
Mixed media on paper
210 × 298 mm (per each)
Gift of the artist, 1988
Inv. no. L.88.14–29

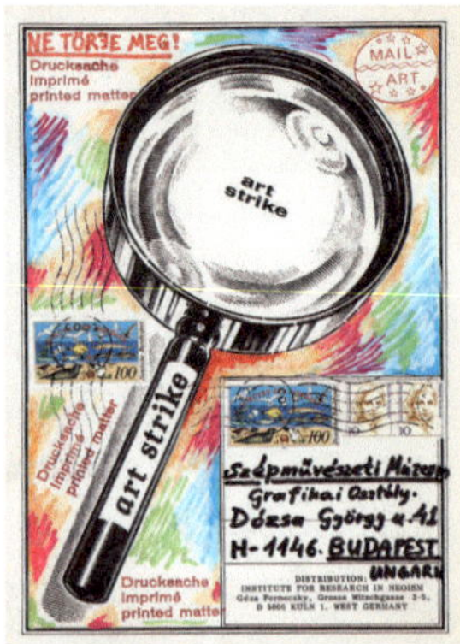

10. kat. sz.
PERNECZKY GÉZA
(1936)
„Art Strike"
(mail art lapok)
1990
Vegyes technika, papír
Egyenként 320 × 240 mm
A művész ajándéka, 1990
Ltsz. L.90.6/1–15

cat. 10
GÉZA PERNECZKY
(1936)
"Art Strike"
(mail art sheets)
1990
Mixed media on paper
320 × 240 mm (per each)
Gift of the artist, 1990
Inv. no. L.90.6/1–15

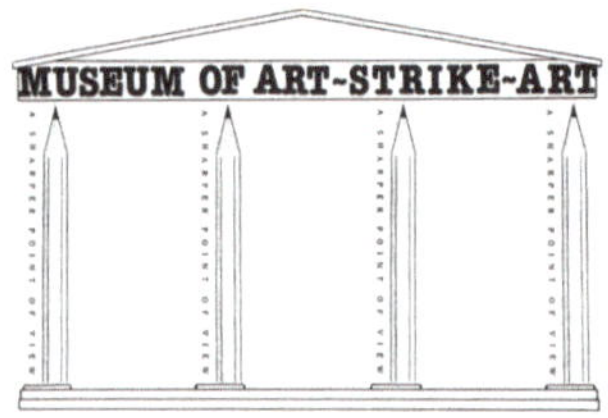

11. kat. sz.
PERNECZKY GÉZA
(1936)
Art Strike Papers / Debate
(mail art lapok)
1990
Ofszetnyomat, papír
Egyenként 297 × 209 mm
Ajándék, 2021
Ltsz. L.2021.9.1–11

cat. 11
GÉZA PERNECZKY
(1936)
Art Strike Papers / Debate
(mail art sheets)
1990
Offset on paper
297 × 209 mm (per each)
Gift, 2021
Inv. no. L.2021.9.1–11

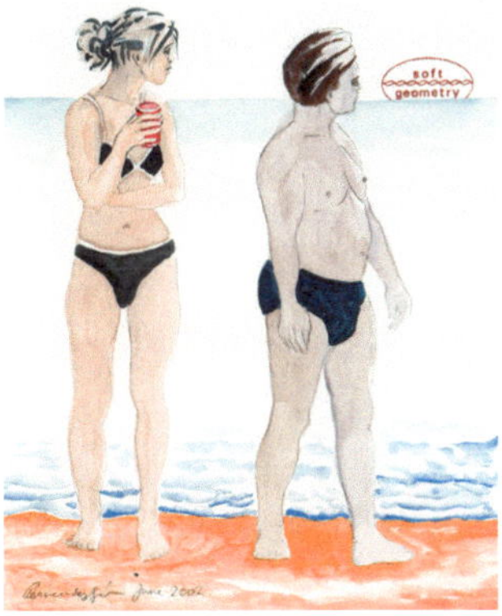

12. kat. sz.
PERNECZKY GÉZA
(1936)
On the Beach (A parton) 2 (5)
2002
Akvarell, grafit, papír
650 × 500 mm
A művész ajándéka, 2022
Ltsz. K.2022.21.2

cat. 12
GÉZA PERNECZKY
(1936)
On the Beach 2 (5)
2002
Watercolour and pencil on paper
650 × 500 mm
Gift of the artist, 2022
Inv. no. K.2022.21.2

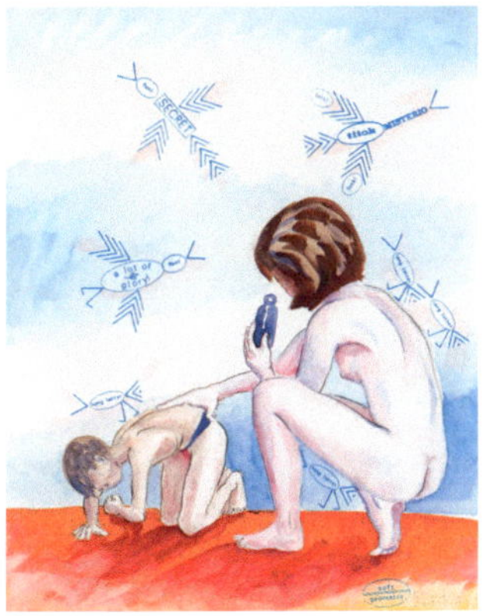

13. kat. sz.
PERNECZKY GÉZA
(1936)
On the Beach (A parton) 1 (35)
2001
Akvarell, grafit, papír
650 × 500 mm
A művész ajándéka, 2022
Ltsz. K.2022.20.16

cat. 13
GÉZA PERNECZKY
(1936)
On the Beach 1 (35)
2001
Watercolour and pencil on paper
650 × 500 mm
Gift of the artist, 2022
Inv. no. K.2022.20.16

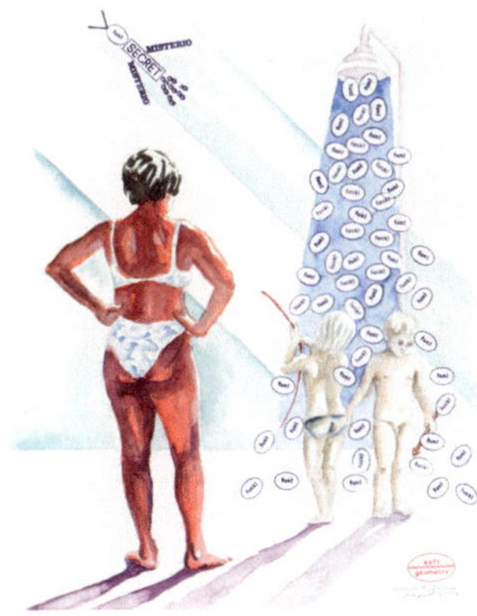

14. kat. sz.
PERNECZKY GÉZA
(1936)
On the Beach (A parton) 1 (6)
2001
Akvarell, grafit, papír
650 × 500 mm
A művész ajándéka, 2022
Ltsz. K.2022.20.2

cat. 14
GÉZA PERNECZKY
(1936)
On the Beach 1 (6)
2001
Watercolour and pencil on paper
650 × 500 mm
Gift of the artist, 2022
Inv. no. K.2022.20.2

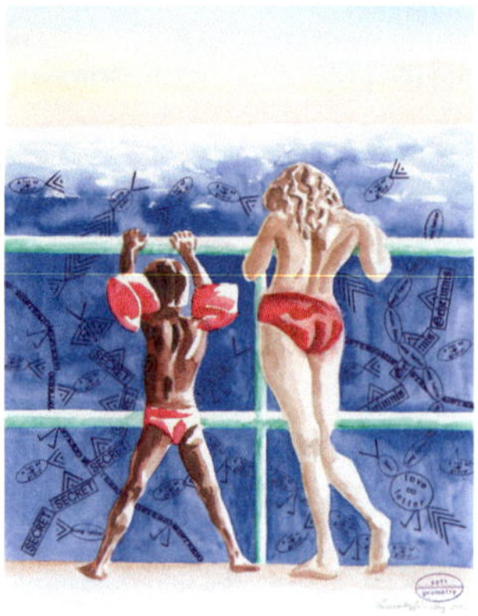

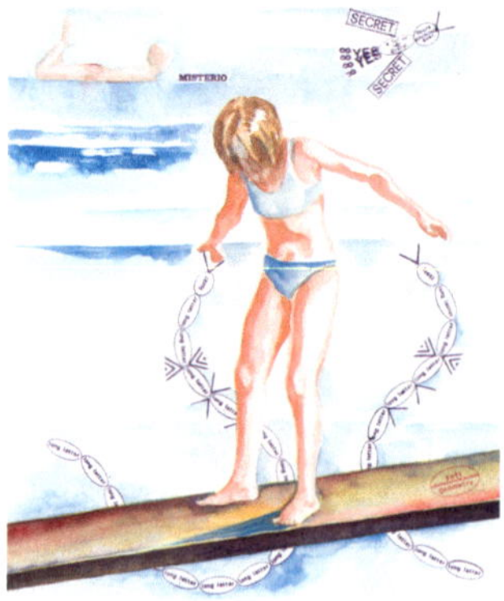

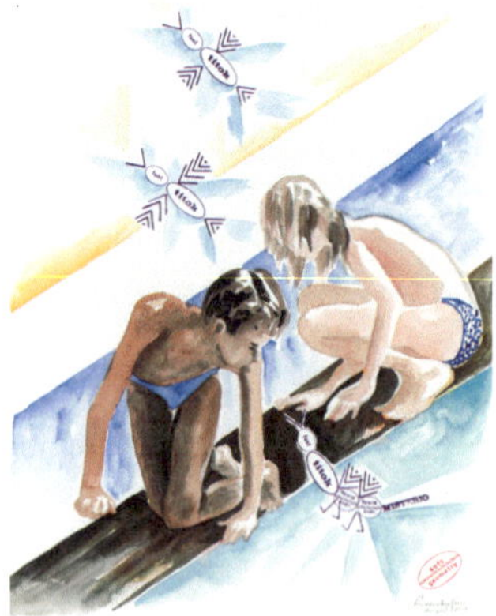

15. kat. sz.
PERNECZKY GÉZA
(1936)
On the Beach (A parton) 1 (15)
2001
Akvarell, grafit, papír
650 × 500 mm
A művész ajándéka, 2022
Ltsz. K.2022.20.4

cat. 15
GÉZA PERNECZKY
(1936)
On the Beach 1 (15)
2001
Watercolour and pencil on paper
650 × 500 mm
Gift of the artist, 2022
Inv. no. K.2022.20.4

16. kat. sz.
PERNECZKY GÉZA
(1936)
On the Beach (A parton) 1 (3)
2001
Akvarell, grafit, papír
650 × 500 mm
A művész ajándéka, 2022
Ltsz. K.2022.20.1

cat. 16
GÉZA PERNECZKY
(1936)
On the Beach 1 (3)
2001
Watercolour and pencil on paper
650 × 500 mm
Gift of the artist, 2022
Inv. no. K.2022.20.1

17. kat. sz.
PERNECZKY GÉZA
(1936)
On the Beach (A parton) 1 (21)
2001
Akvarell, grafit, papír
650 × 500 mm
A művész ajándéka, 2022
Ltsz. K.2022.20.8

cat. 17
GÉZA PERNECZKY
(1936)
On the Beach 1 (21)
2001
Watercolour and pencil on paper
650 × 500 mm
Gift of the artist, 2022
Inv. no. K.2022.20.8

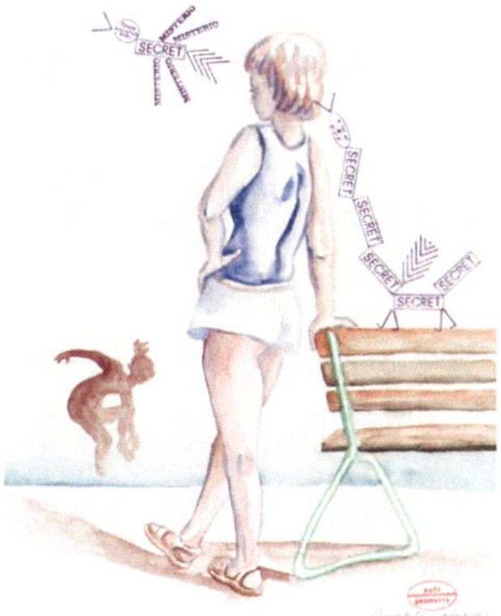

18. kat. sz.
PERNECZKY GÉZA
(1936)
On the Beach (A parton) 1 (24)
2001
Akvarell, grafit, papír
650 × 500 mm
A művész ajándéka, 2022
Ltsz. K.2022.20.10

cat. 18
GÉZA PERNECZKY
(1936)
On the Beach 1 (24)
2001
Watercolour and pencil on paper
650 × 500 mm
Gift of the artist, 2022
Inv. no. K.2022.20.10

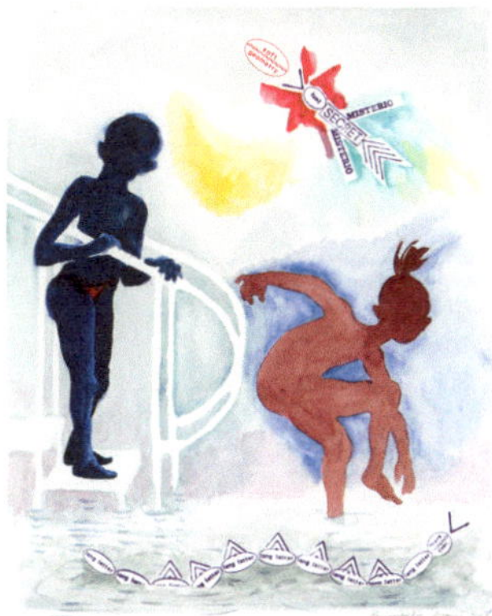

19. kat. sz.
PERNECZKY GÉZA
(1936)
On the Beach (A parton) 1 (25)
2001
Akvarell, grafit, papír
650 × 500 mm
A művész ajándéka, 2022
Ltsz. K.2022.20.11

cat. 19
GÉZA PERNECZKY
(1936)
On the Beach 1 (25)
2001
Watercolour and pencil on paper
650 × 500 mm
Gift of the artist, 2022
Inv. no. K.2022.20.11

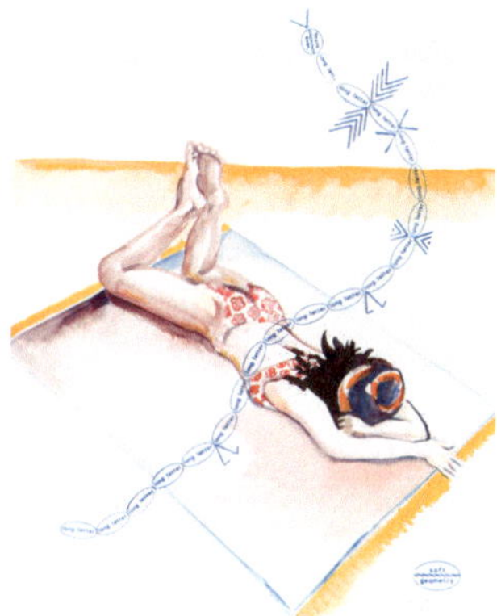

20. kat. sz.
PERNECZKY GÉZA
(1936)
On the Beach (A parton) 1 (17)
2001
Akvarell, grafit, papír
650 × 500 mm
A művész ajándéka, 2022
Ltsz. K.2022.20.5

cat. 20
GÉZA PERNECZKY
(1936)
On the Beach 1 (17)
2001
Watercolour and pencil on paper
650 × 500 mm
Gift of the artist, 2022
Inv. no. K.2022.20.5

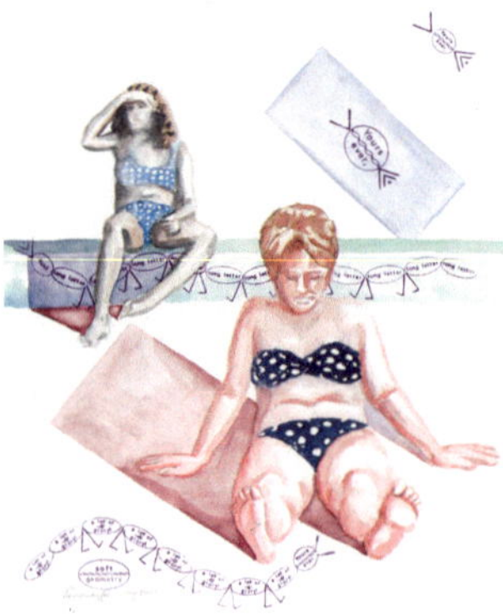

21. kat. sz.
PERNECZKY GÉZA
(1936)
On the Beach (A parton) 1 (18)
2001
Akvarell, grafit, papír
650 × 500 mm
A művész ajándéka, 2022
Ltsz. K.2022.20.14

cat. 21
GÉZA PERNECZKY
(1936)
On the Beach 1 (18)
2001
Watercolour and pencil on paper
650 × 500 mm
Gift of the artist, 2022
Inv. no. K.2022.20.14

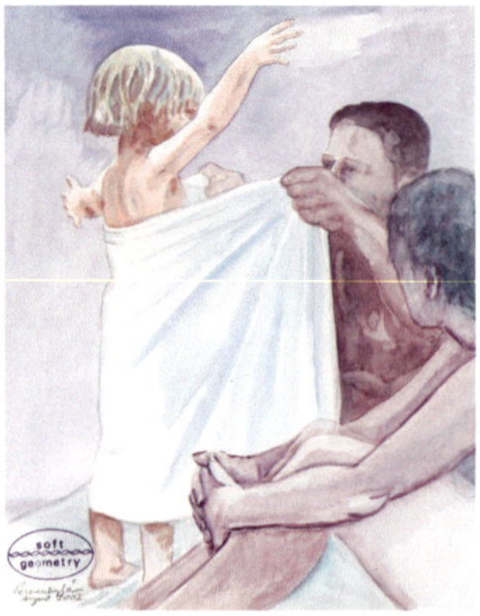

22. kat. sz.
PERNECZKY GÉZA
(1936)
On the Beach (A parton) 2 (10)
2002
Akvarell, grafit, papír
650 × 500 mm
A művész ajándéka, 2022
Ltsz. K.2022.21.5

cat. 22
GÉZA PERNECZKY
(1936)
On the Beach 2 (10)
2002
Watercolour and pencil on paper
650 × 500 mm
Gift of the artist, 2022
Inv. no. K.2022.21.5

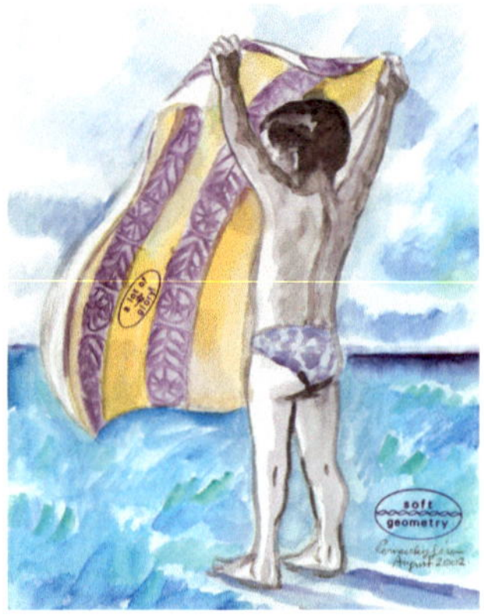

23. kat. sz.
PERNECZKY GÉZA
(1936)
On the Beach (A parton) 2 (32)
2002
Akvarell, grafit, papír
650 × 500 mm
A művész ajándéka, 2022
Ltsz. K.2022.21.15

cat. 23
GÉZA PERNECZKY
(1936)
On the Beach 2 (32)
2002
Watercolour and pencil on paper
650 × 500 mm
Gift of the artist, 2022
Inv. no. K.2022.21.15

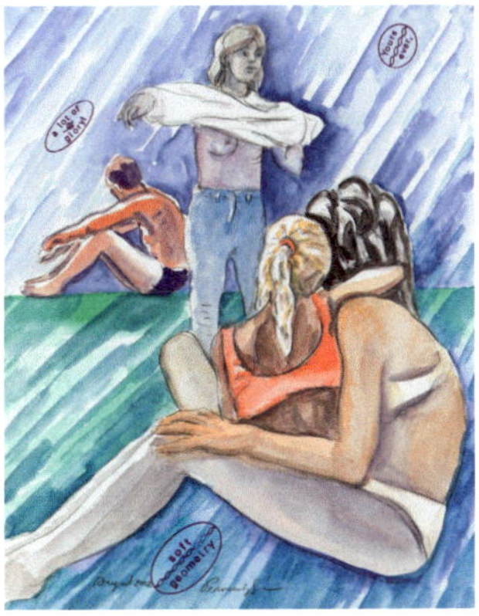

24. kat. sz.
PERNECZKY GÉZA
(1936)
On the Beach (A parton) 2 (31)
2002
Akvarell, grafit, papír
650 × 500 mm
A művész ajándéka, 2022
Ltsz. K.2022.21.14

cat. 24
GÉZA PERNECZKY
(1936)
On the Beach 2 (31)
2002
Watercolour and pencil on paper
650 × 500 mm
Gift of the artist, 2022
Inv. no. K.2022.21.14

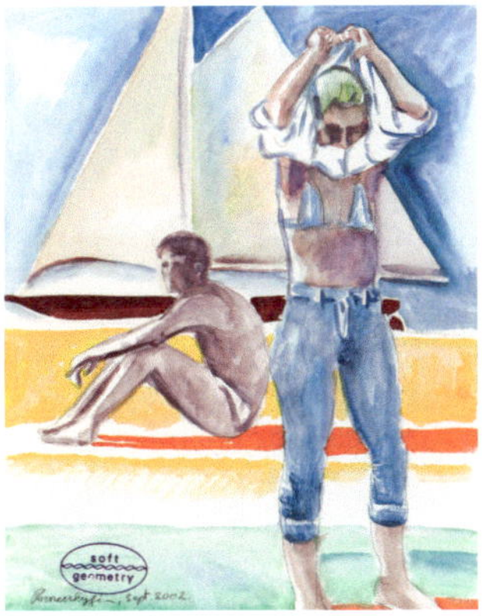

25. kat. sz.
PERNECZKY GÉZA
(1936)
On the Beach (A parton) 2 (36)
2002
Akvarell, grafit, papír
650 × 500 mm
A művész ajándéka, 2022
Ltsz. K.2022.21.17

cat. 25
GÉZA PERNECZKY
(1936)
On the Beach 2 (36)
2002
Watercolour and pencil on paper
650 × 500 mm
Gift of the artist, 2022
Inv. no. K.2022.21.17

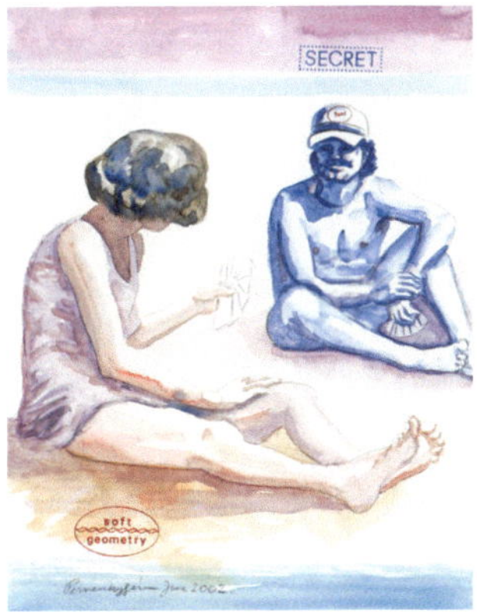

26. kat. sz.
PERNECZKY GÉZA
(1936)
On the Beach (A parton) 2 (3)
2002
Akvarell, grafit, papír
650 × 500 mm
A művész ajándéka, 2022
Ltsz. K.2022.21.1

cat. 26
GÉZA PERNECZKY
(1936)
On the Beach 2 (3)
2002
Watercolour and pencil on paper
650 × 500 mm
Gift of the artist, 2022
Inv. no. K.2022.21.1

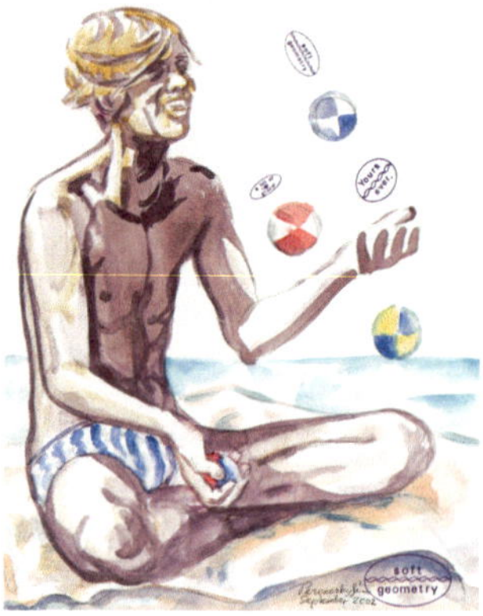

27. kat. sz.
PERNECZKY GÉZA
(1936)
On the Beach (A parton) 2 (34)
2002
Akvarell, grafit, papír
650 × 500 mm
A művész ajándéka, 2022
Ltsz. K.2022.21.16

cat. 27
GÉZA PERNECZKY
(1936)
On the Beach 2 (34)
2002
Watercolour and pencil on paper
650 × 500 mm
Gift of the artist, 2022
Inv. no. K.2022.21.16

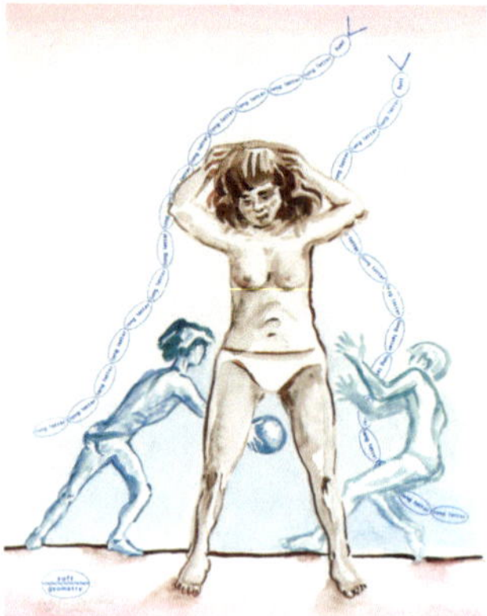

28. kat. sz.
PERNECZKY GÉZA
(1936)
On the Beach (A parton) 1 (41)
2001
Akvarell, grafit, papír
650 × 500 mm
A művész ajándéka, 2022
Ltsz. K.2022.20.6

cat. 28
GÉZA PERNECZKY
(1936)
On the Beach 1 (41)
2001
Watercolour and pencil on paper
650 × 500 mm
Gift of the artist, 2022
Inv. no. K.2022.20.6

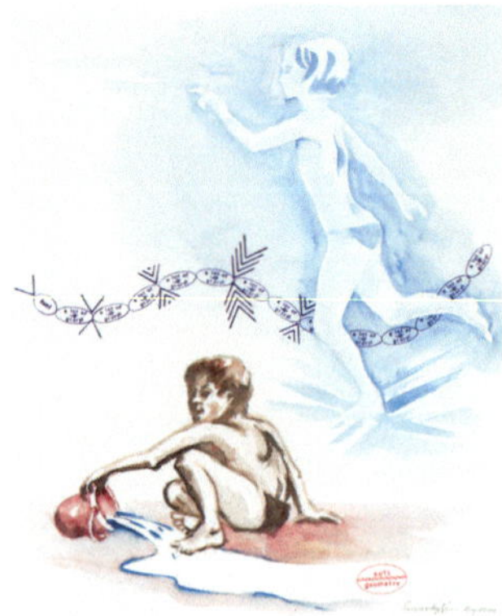

29. kat. sz.
PERNECZKY GÉZA
(1936)
On the Beach (A parton) 1 (22)
2001
Akvarell, grafit, papír
650 × 500 mm
A művész ajándéka, 2022
Ltsz. K.2022.20.9

cat. 29
GÉZA PERNECZKY
(1936)
On the Beach 1 (22)
2001
Watercolour and pencil on paper
650 × 500 mm
Gift of the artist, 2022
Inv. no. K.2022.20.9

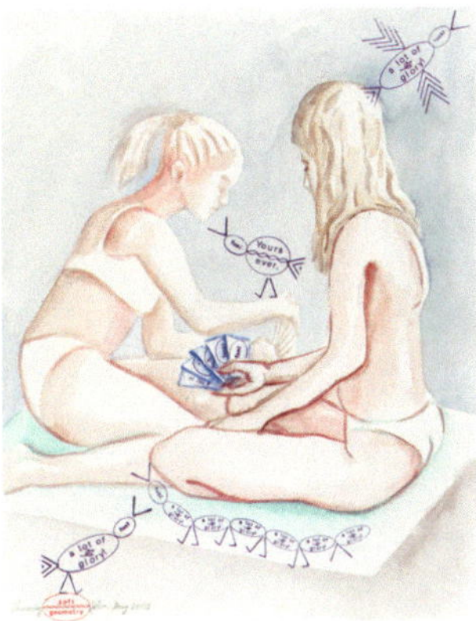

30. kat. sz.
PERNECZKY GÉZA
(1936)
On the Beach (A parton) 1 (11)
2001
Akvarell, grafit, papír
650 × 500 mm
A művész ajándéka, 2022
Ltsz. K.2022.20.3

cat. 30
GÉZA PERNECZKY
(1936)
On the Beach 1 (11)
2001
Watercolour and pencil on paper
650 × 500 mm
Gift of the artist, 2022
Inv. no. K.2022.20.3

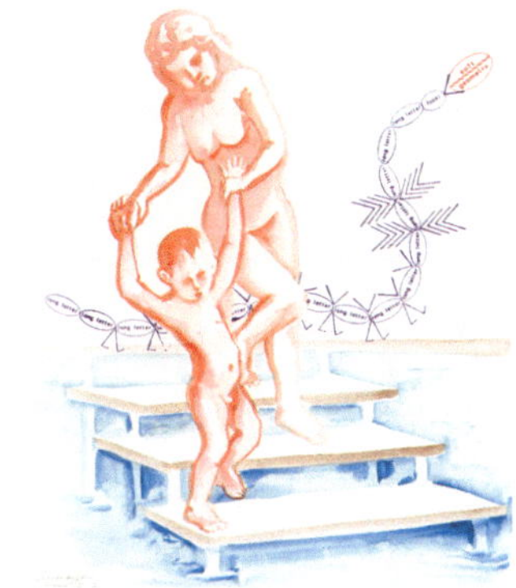

31. kat. sz.
PERNECZKY GÉZA
(1936)
On the Beach (A parton) 1 (28)
2001
Akvarell, grafit, papír
650 × 500 mm
A művész ajándéka, 2022
Ltsz. K.2022.20.13

cat. 31
GÉZA PERNECZKY
(1936)
On the Beach 1 (28)
2001
Watercolour and pencil on paper
650 × 500 mm
Gift of the artist, 2022
Inv. no. K.2022.20.13

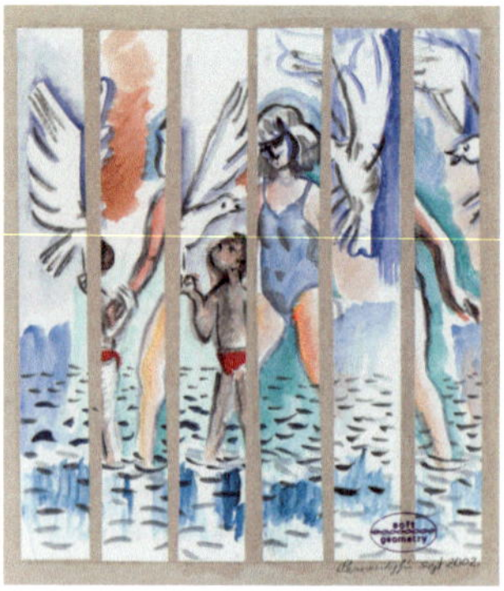

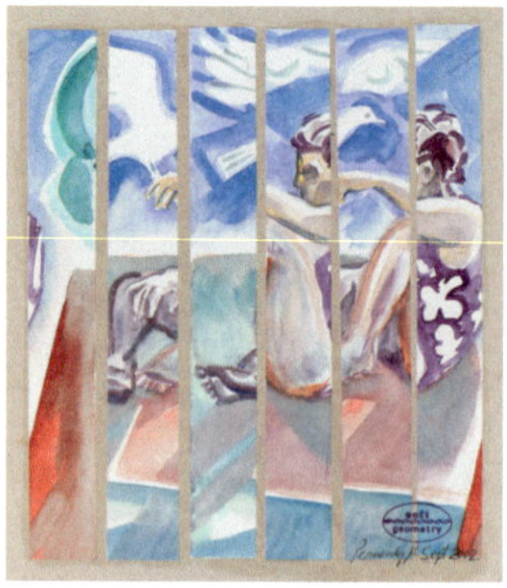

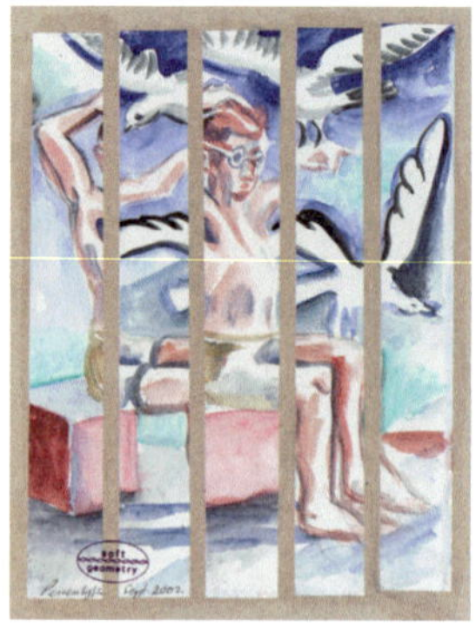

32. kat. sz.
PERNECZKY GÉZA
(1936)
Sliced and Pasted (11)
(Felvágva és összeillesztve)
2002
Akvarell, grafit, papír
499 × 399 mm
A művész ajándéka, 2022
Ltsz. K.2022.24.11

cat. 32
GÉZA PERNECZKY
(1936)
Sliced and Pasted (11)
2002
Watercolour and pencil on paper
499 × 399 mm
Gift of the artist, 2022
Inv. no. K.2022.24.11

33. kat. sz.
PERNECZKY GÉZA
(1936)
Sliced and Pasted (12)
(Felvágva és összeillesztve)
2002
Akvarell, grafit, papír
499 × 399 mm
A művész ajándéka, 2022
Ltsz. K.2022.24.12

cat. 33
GÉZA PERNECZKY
(1936)
Sliced and Pasted (12)
2002
Watercolour and pencil on paper
499 × 399 mm
Gift of the artist, 2022
Inv. no. K.2022.24.12

34. kat. sz.
PERNECZKY GÉZA
(1936)
Sliced and Pasted (8)
(Felvágva és összeillesztve)
2002
Akvarell, grafit, papír
499 × 399 mm
A művész ajándéka, 2022
Ltsz. K.2022.24.8

cat. 34
GÉZA PERNECZKY
(1936)
Sliced and Pasted (8)
2002
Watercolour and pencil on paper
499 × 399 mm
Gift of the artist, 2022
Inv. no. K.2022.24.8

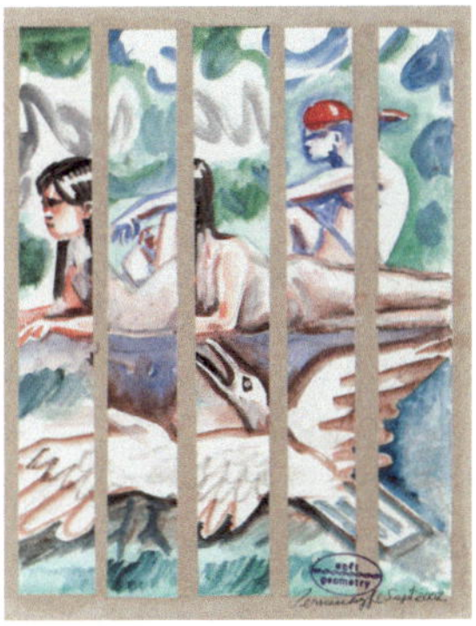

35. kat. sz.
PERNECZKY GÉZA
(1936)
Sliced and Pasted (9)
(Felvágva és összeillesztve)
2002
Akvarell, grafit, papír
499 × 399 mm
A művész ajándéka, 2022
Ltsz. K.2022.24.9

cat. 35
GÉZA PERNECZKY
(1936)
Sliced and Pasted (9)
2002
Watercolour and pencil on paper
499 × 399 mm
Gift of the artist, 2022
Inv. no. K.2022.24.9

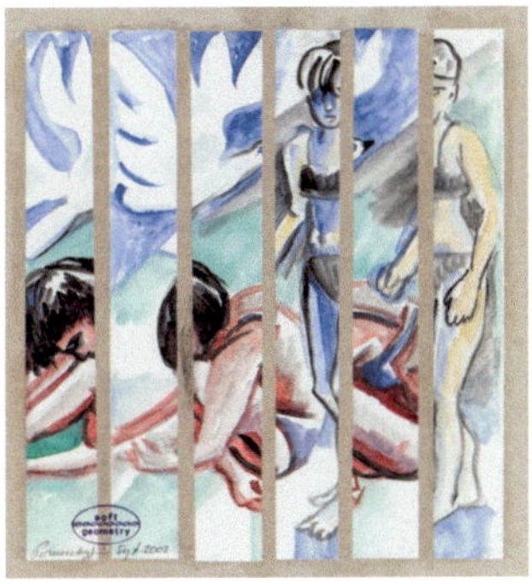

36. kat. sz.
PERNECZKY GÉZA
(1936)
Sliced and Pasted (14)
(Felvágva és összeillesztve)
2002
Akvarell, grafit, papír
499 × 399 mm
A művész ajándéka, 2022
Ltsz. K.2022.24.14

cat. 36
GÉZA PERNECZKY
(1936)
Sliced and Pasted (14)
2002
Watercolour and pencil on paper
499 × 399 mm
Gift of the artist, 2022
Inv. no. K.2022.24.14

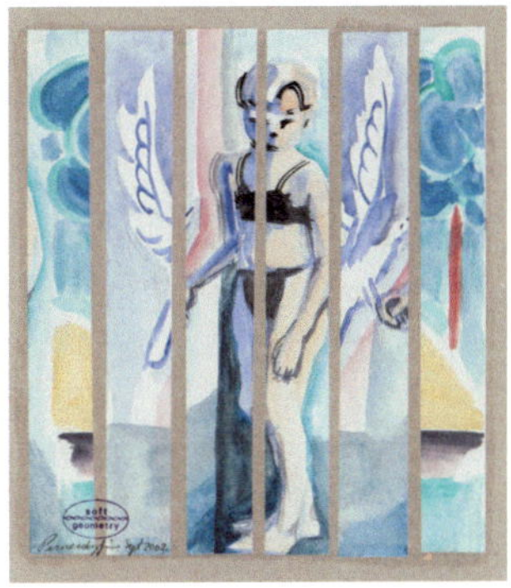

37. kat. sz.
PERNECZKY GÉZA
(1936)
Sliced and Pasted (6)
(Felvágva és összeillesztve)
2002
Akvarell, grafit, papír
499 × 399 mm
A művész ajándéka, 2022
Ltsz. K.2022.24.6

cat. 37
GÉZA PERNECZKY
(1936)
Sliced and Pasted (6)
2002
Watercolour and pencil on paper
499 × 399 mm
Gift of the artist, 2022
Inv. no. K.2022.24.6

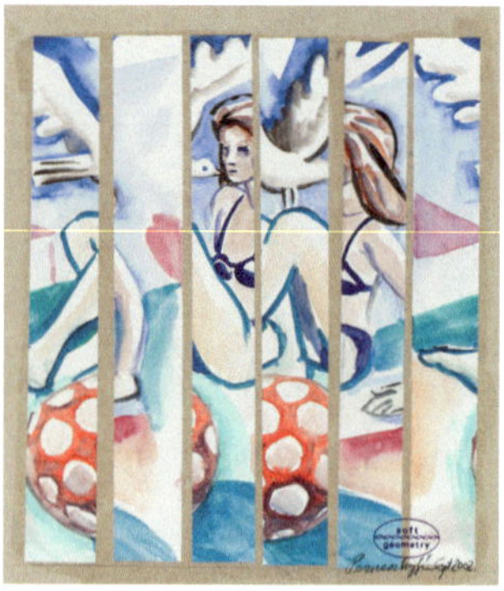

38. kat. sz.
PERNECZKY GÉZA
(1936)
Sliced and Pasted (13)
(Felvágva és összeillesztve)
2002
Akvarell, grafit, papír
499 × 399 mm
A művész ajándéka, 2022
Ltsz. K.2022.24.13

cat. 38
GÉZA PERNECZKY
(1936)
Sliced and Pasted (13)
2002
Watercolour and pencil on paper
499 × 399 mm
Gift of the artist, 2022
Inv. no. K.2022.24.13

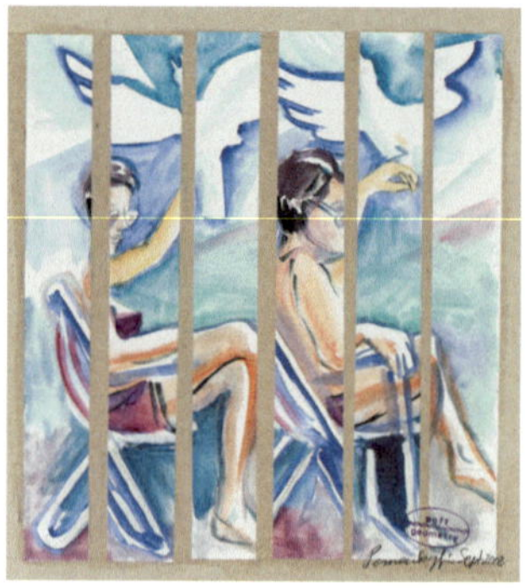

39. kat. sz.
PERNECZKY GÉZA
(1936)
Sliced and Pasted (15)
(Felvágva és összeillesztve)
2002
Akvarell, grafit, papír
499 × 399 mm
A művész ajándéka, 2022
Ltsz. K.2022.24.15

cat. 39
GÉZA PERNECZKY
(1936)
Sliced and Pasted (15)
2002
Watercolour and pencil on paper
499 × 399 mm
Gift of the artist, 2022
Inv. no. K.2022.24.15

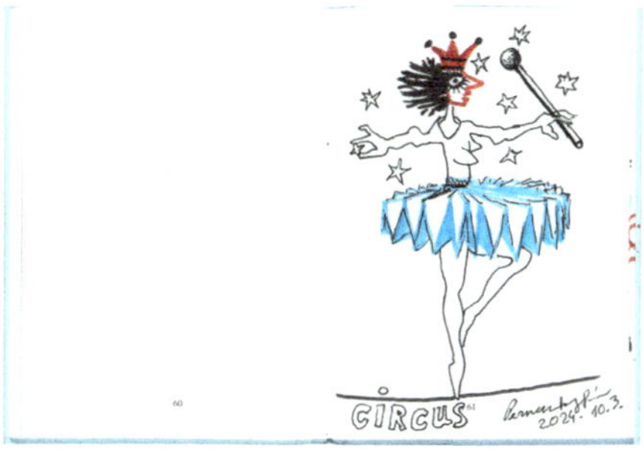

40

40. kat. sz.
PERNECZKY GÉZA
Rajzok/Rajzos aforizmák
(rajzfüzet)
2024
Toll, ceruza, papír
170 × 120 mm
A művész ajándéka, 2025
Ltsz. K.2025.12

cat. 40
GÉZA PERNECZKY
Drawings/Drawn Aphorisms
(drawing book)
2024
Pen and pencil on paper
170 × 120 mm
Gift of the artist, 2025
Inv. no. K.2025.12

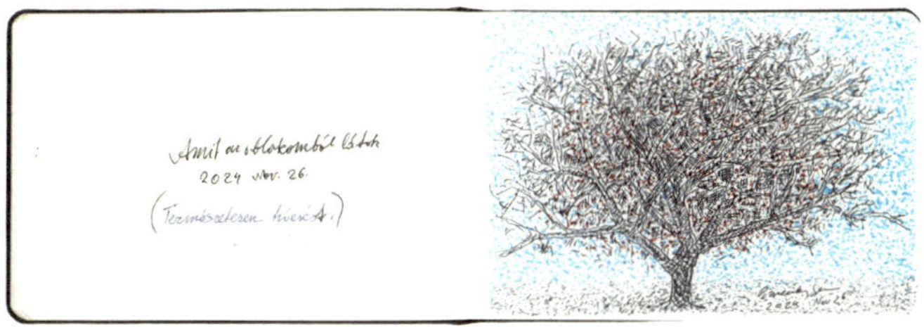

41

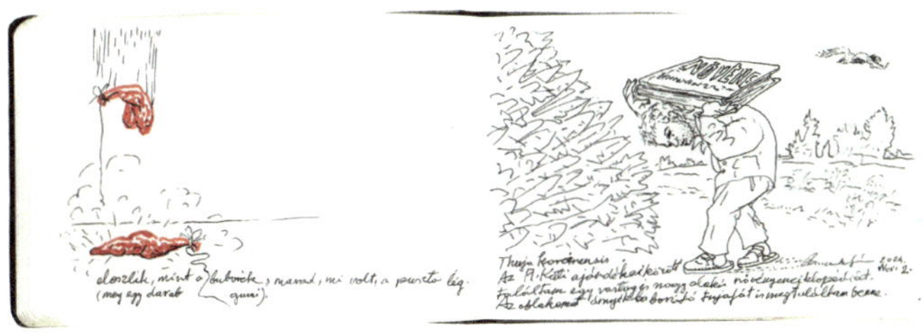

42

41. kat. sz.
PERNECZKY GÉZA
Mindenféle/Mindenfelé
(rajzfüzet)
2024
Toll, ceruza, papír
145 × 210 mm
A művész ajándéka, 2025
Ltsz. K.2025.13

cat. 41
GÉZA PERNECZKY
Various/Everywhere
(drawing book)
2024
Pen and pencil on paper
145 × 210 mm
Gift of the artist, 2025
Inv. no. K.2025.13

42. kat. sz.
PERNECZKY GÉZA
Perneczky Géza második rajzfüzete
(rajzfüzet)
2024
Toll, ceruza, papír
145 × 210 mm
A művész ajándéka, 2025
Ltsz. K.2025.14

cat. 42
GÉZA PERNECZKY
Second Drawing Book of Géza Perneczky
(drawing book)
2024
Pen and pencil on paper
145 × 210 mm
Gift of the artist, 2025
Inv. no. K.2025.14

MODERN ÉS KORTÁRS ALKOTÓK / MODERN AND CONTEMPORARY ARTISTS

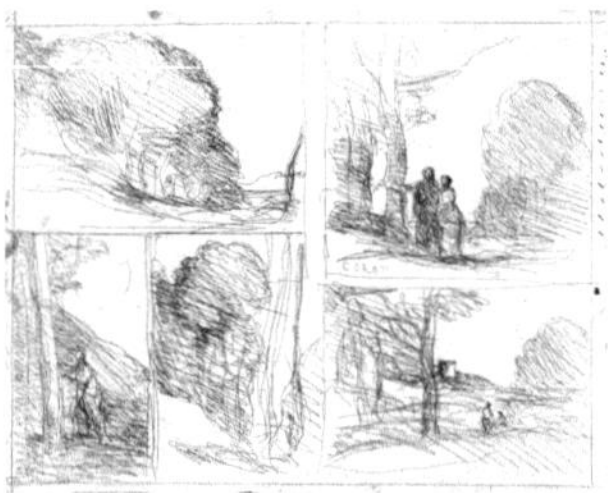

43. kat. sz.
CAMILLE COROT
(1796–1875)
Skiccek
1856
Cliché-verre, papír
285 × 357 mm
Vétel Albert Bouasse-Lebel műkereskedőtől, 1913
Ltsz. 1913-316-320

cat. 43
CAMILLE COROT
(1796–1875)
Sketches
1856
Cliché-verre on paper
285 × 357 mm
Purchased from art dealer Albert Bouasse-Lebel, 1913
Inv. no. 1913-316-320

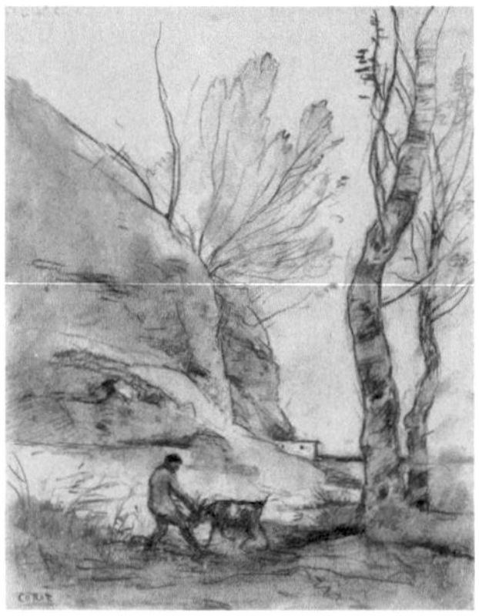

44. kat. sz.
CAMILLE COROT
(1796–1875)
Kecskével küzdő pásztor
1852
Fekete kréta, ólomvessző, szürke papír
303 × 238 mm
Majovszky Pál ajándéka, 1935
Ltsz. 1935-2681

cat. 44
CAMILLE COROT
(1796–1875)
Shepherd Wrestling with a Goat
1852
Black chalk and leadpoint on grey paper
303 × 238 mm
Gift of Pál Majovszky, 1935
Inv. no. 1935-2681

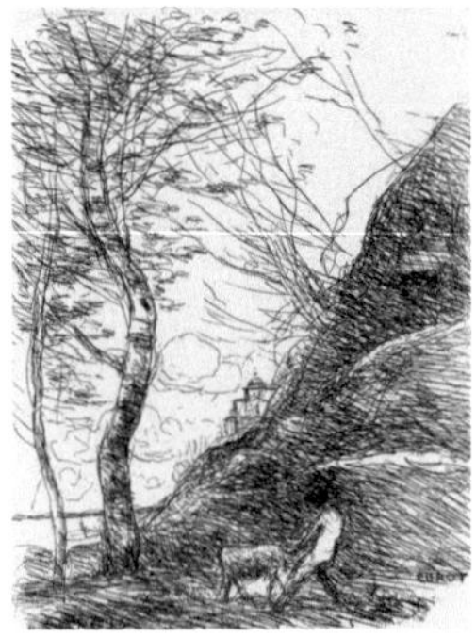

45. kat. sz.
CAMILLE COROT
(1796–1875)
Kecskével küzdő pásztor
1874
Cliché-verre, papír
171 × 127 mm
Vétel Loÿs Delteil műkereskedőtől, 1911
Ltsz. 1911-263

cat. 45
CAMILLE COROT
(1796–1875)
Shepherd Wrestling with a Goat
1874
Cliché-verre on paper
171 × 127 mm
Purchased from art dealer Loÿs Delteil, 1911
Inv. no. 1911-263

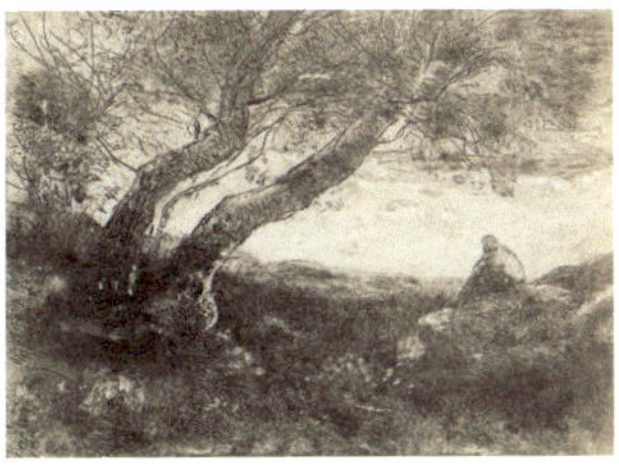

46. kat. sz.
CAMILLE COROT
(1796–1875)
Az álmodozó I.
1854
Cliché-verre, papír
142 × 192 mm
Eredete ismeretlen
Ltsz. 29982

cat. 46
CAMILLE COROT
(1796–1875)
The Dreamer I
1854
Cliché-verre on paper
142 × 192 mm
Unknown provenance
Inv. no. 29982

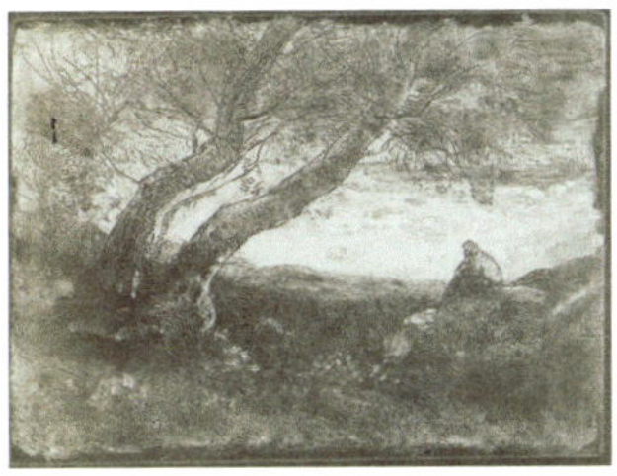

47. kat. sz.
CAMILLE COROT
(1796–1875)
Az álmodozó II.
1854
Cliché-verre, papír
161 × 211 mm
Vétel Albert Bouasse-Lebel műkereskedőtől, 1913
Ltsz. 1913-311

cat. 47
CAMILLE COROT
(1796–1875)
The Dreamer II
1854
Cliché-verre on paper
161 × 211 mm
Purchased from art dealer Albert Bouasse-Lebel, 1913
Inv. no. 1913-311

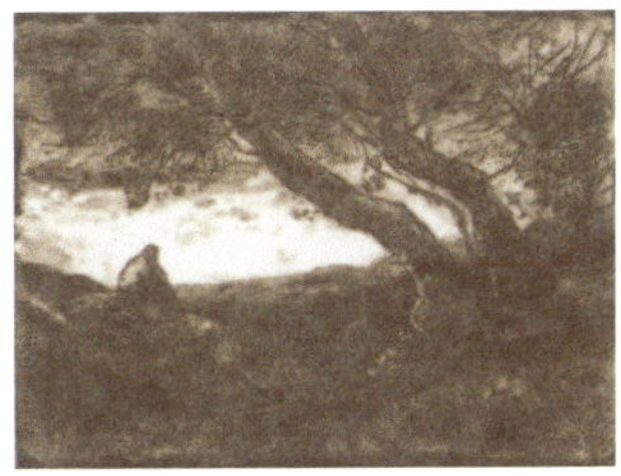

48. kat. sz.
CAMILLE COROT
(1796–1875)
Az álmodozó
1854
Cliché-verre (megfordított üveglapról), papír
161 × 212 mm
Vétel Albert Bouasse-Lebel műkereskedőtől, 1913
Ltsz. 1913-312

cat. 48
CAMILLE COROT
(1796–1875)
The Dreamer
1854
Cliché-verre (from the verso of the glass) on paper
161 × 212 mm
Purchased from art dealer Albert Bouasse-Lebel, 1913
Inv. no. 1913-312

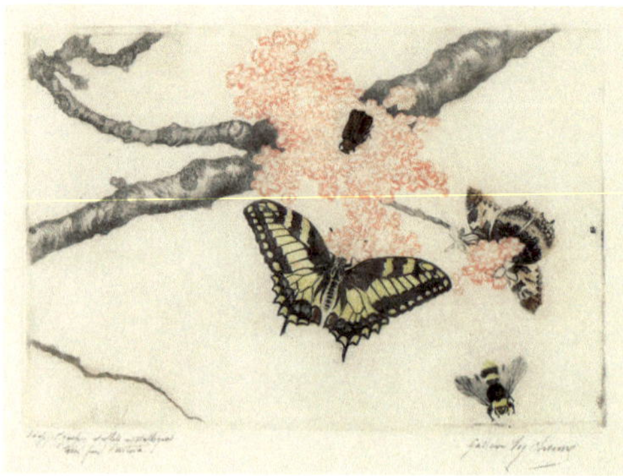

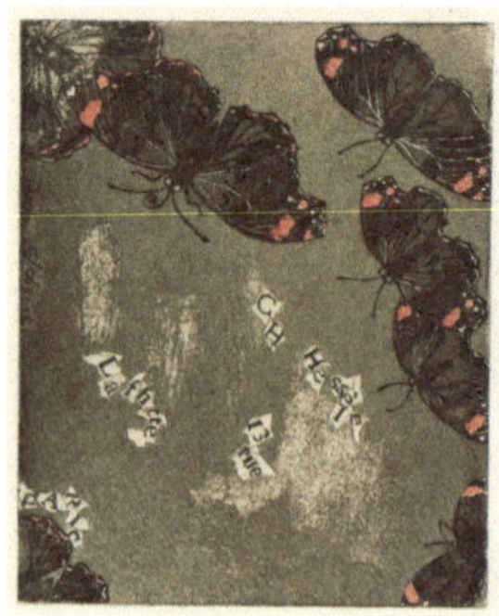

49. kat. sz.
GASTON EYCHENNE
(1873–1902)
Sárga lepke
1900 körül
Akvatinta, dombornyomás, papír
181 × 260 mm
Vétel, 1914
Ltsz. 1914-1061

cat. 49
GASTON EYCHENNE
(1873–1902)
Yellow Butterfly
ca. 1900
Aquatint and embossing on paper
181 × 260 mm
Purchased in 1914
Inv. no. 1914-1061

50. kat. sz.
GASTON EYCHENNE
(1873–1902)
Pillangók
1900 körül
Akvatinta, színes rézkarc, papír
140 × 111 mm
Térey Gábor ajándéka, 1906
Ltsz. 1906-261

cat. 50
GASTON EYCHENNE
(1873–1902)
Butterflies
ca. 1900
Aquatint and colour etching on paper
140 × 111 mm
Gift of Gábor Térey, 1906
Inv. no. 1906-261

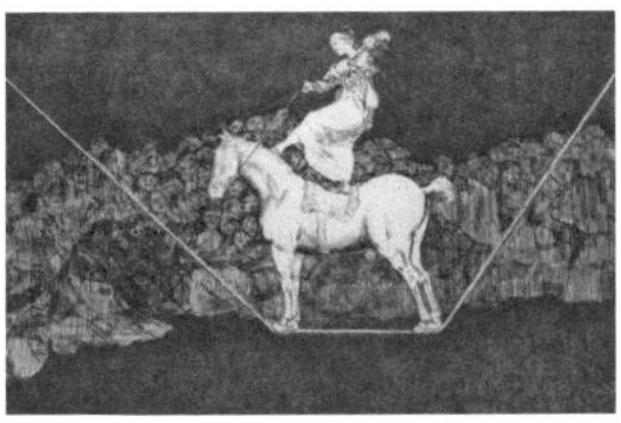

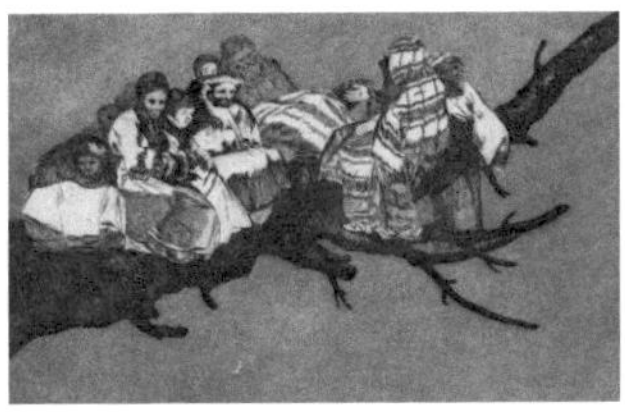

51. kat. sz.
FRANCISCO DE GOYA Y LUCIENTES
(1746–1828)
Mintaszerűen bolond
1815–1819
Rézkarc, papír
280 × 380 mm
Vétel Alfred Strölin műkereskedőtől, 1914
Ltsz. 1914-103

cat. 51
FRANCISCO DE GOYA Y LUCIENTES
(1746–1828)
Punctual Folly
1815–1819
Etching on paper
280 × 380 mm
Purchased from art dealer Alfred Strölin, 1914
Inv. no. 1914-103

52. kat. sz.
FRANCISCO DE GOYA Y LUCIENTES
(1746–1828)
Nevetségesen bolond
1815–1819
Rézkarc, papír
290 × 420 mm
Átvétel a Magyar Nemzeti Múzeumtól
Ltsz. 45243

cat. 52
FRANCISCO DE GOYA Y LUCIENTES
(1746–1828)
Ridiculous Folly
1815–1819
Etching on paper
290 × 420 mm
Transfer from the Hungarian National Museum
Inv. no. 45243

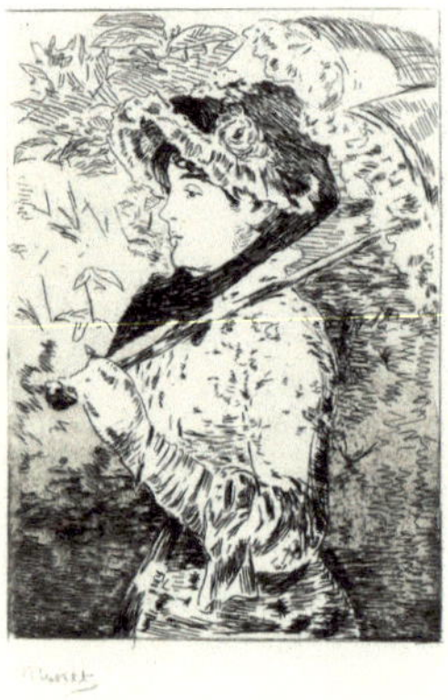

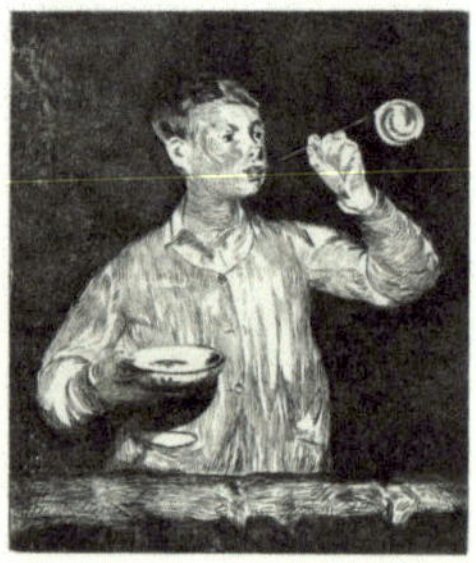

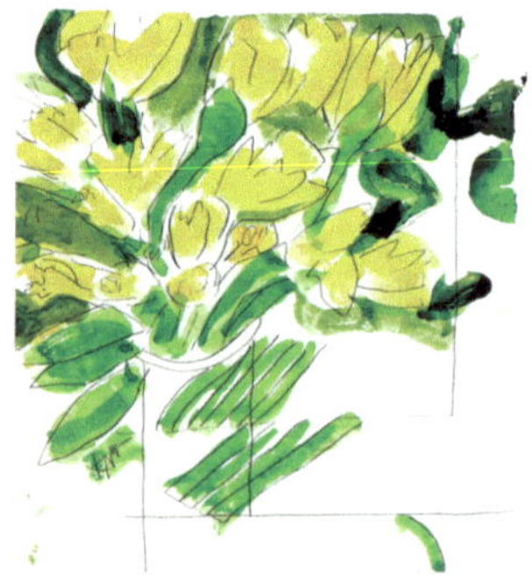

53. kat. sz.
ÉDOUARD MANET
(1832–1883)
és
HENRI GUÉRARD
(1846–1897)
Jeanne II (Tavasz II)
(1882) 1893
Rézkarc, papír
247 × 182 mm
Eredete ismeretlen
Ltsz. L.56.29

cat. 53
ÉDOUARD MANET
(1832–1883)
and
HENRI GUÉRARD
(1846–1897)
Jeanne II (Spring II)
(1882) 1893
Etching on paper
247 × 182 mm
Unknown provenance
Inv. no. L.56.29

54. kat. sz.
ÉDOUARD MANET
(1832–1883)
A szappanbuborék
(1867–1869) 1890
Rézkarc, papír
247 × 212 mm
Eredete ismeretlen
Ltsz. L.56.21

cat. 54
ÉDOUARD MANET
(1832–1883)
Soap Bubble
(1867–1869) 1890
Etching on paper
247 × 212 mm
Unknown provenance
Inv. no. L.56.21

55. kat. sz.
KNOX MARTIN
(1923–2022)
Cím nélkül
2022
Akvarell, ceruza, papír
346 × 309 mm
Ajándék, 2025
Ltsz. K.2025.6.

cat. 55
KNOX MARTIN
(1923–2022)
Untitled
2022
Watercolour and pencil on paper
346 × 309 mm
Gift, 2025
Inv. no. K.2025.6.

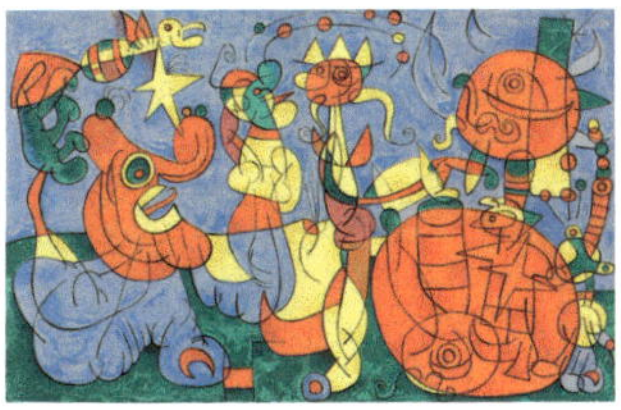

56. kat. sz.
JOAN MIRÓ
(1893–1983)
Látogatás a lengyel királynál
(illusztráció Alfred Jarry
Übü király című színművéhez III.)
1966
Színes litográfia, papír
420 × 645 mm
Vétel, 2024
Ltsz. L.2024.38.4.

cat. 56
JOAN MIRÓ
(1893–1983)
Visit the King of Poland
(illustration for Alfred Jarry's
play *King Ubu* III)
1966
Colour lithograph on paper
420 × 645 mm
Purchased in 2024
Inv. no. L.2024.38.4.

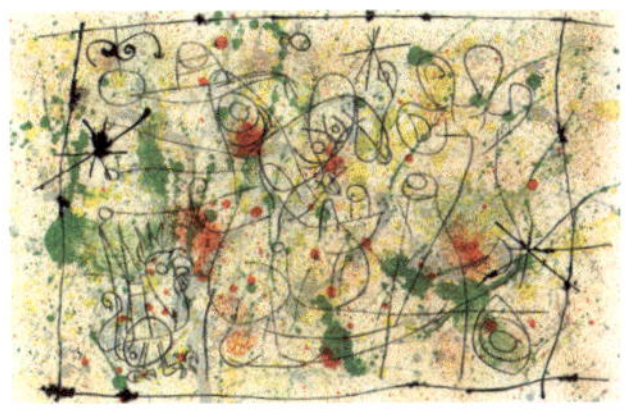

57. kat. sz.
JOAN MIRÓ
(1893–1983)
Übü születése (illusztráció
Alfred Jarry *Übü király* című
színművéhez I.)
1966
Színes litográfia, papír
420 × 645 mm
Vétel, 2024
Ltsz. L.2024.38.2.

cat. 57
JOAN MIRÓ
(1893–1983)
Birth of Ubu (illustration for
Alfred Jarry's play *King Ubu* I)
1966
Colour lithograph on paper
420 × 645 mm
Purchased in 2024
Inv. no. L.2024.38.2.

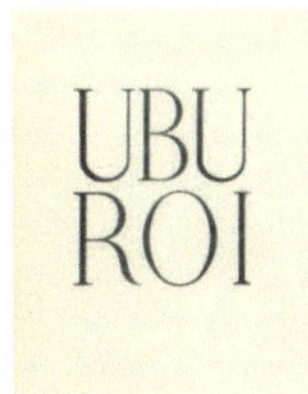

58. kat. sz.
JOAN MIRÓ
(1893–1983)
Alfred Jarry *Übü király* című
színművének címoldala
1966
Litográfia, papír
421 × 324 mm
Vétel, 2024
Ltsz. L.2024.38.1.

cat. 58
JOAN MIRÓ
(1893–1983)
Cover of Alfred Jarry's play
King Ubu
1966
Lithograph on paper
421 × 324 mm
Purchased in 2024
Inv. no. L.2024.38.1.

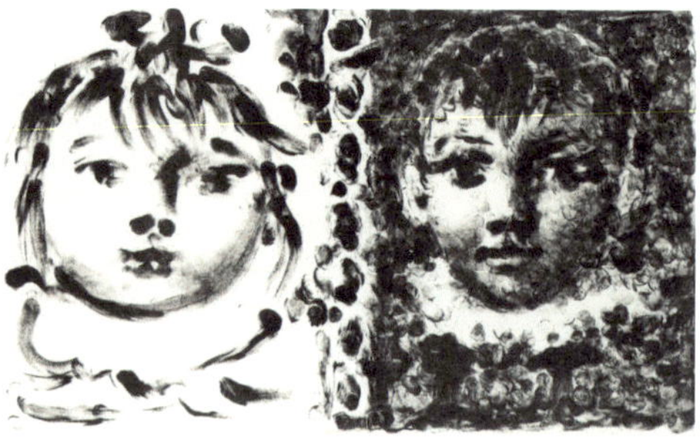

59. kat. sz.
PABLO PICASSO
(1881–1973)
Paloma és Claude
1950
Litográfia, papír
380 × 520 mm
Ajándék a budapesti
Francia Intézettől, 1957
Ltsz. L.60.1

cat. 59
PABLO PICASSO
(1881–1973)
Paloma and Claude
1950
Lithograph on paper
380 × 520 mm
Gift from the French Institute
in Budapest, 1957
Inv. no. L.60.1

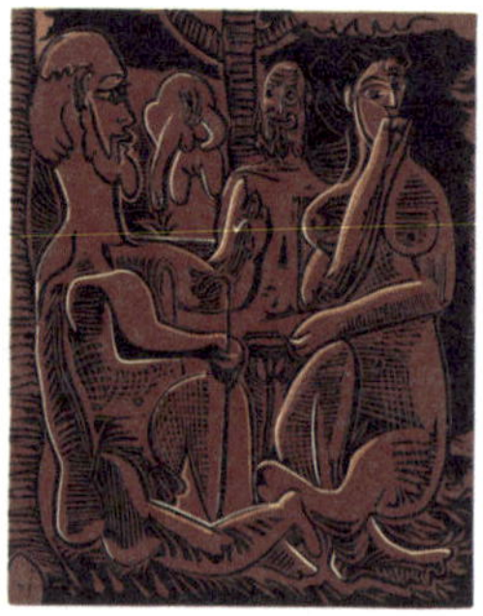

60. kat. sz.
PABLO PICASSO
(1881–1973)
Reggeli a szabadban
1962
Linóleummetszet, papír
652 × 438 mm
Daniel-Henry Kahnweiler
műkereskedő ajándéka, 1968
Ltsz. L.68.10

cat. 60
PABLO PICASSO
(1881–1973)
The Luncheon on the Grass
1962
Linocut on paper
652 × 438 mm
Gift of art dealer Daniel-Henry
Kahnweiler, 1968
Inv. no. L.68.10

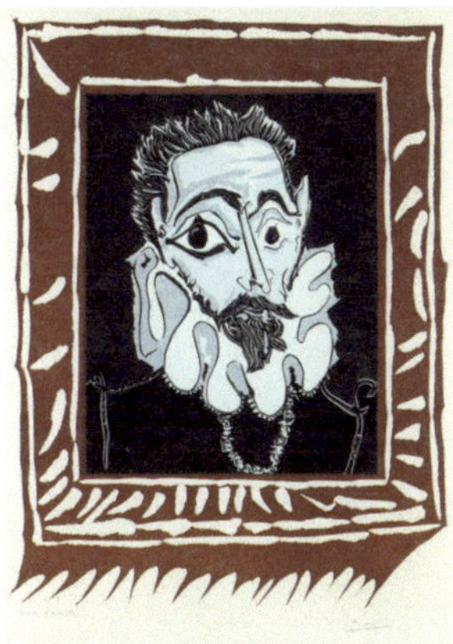

61. kat. sz.
PABLO PICASSO
(1881–1973)
Férfi spanyol gallérral
1962
Színes linóleummetszet, papír
662 × 442 mm
Daniel-Henry Kahnweiler
műkereskedő ajándéka, 1968
Ltsz. L.68.11

cat. 61
PABLO PICASSO
(1881–1973)
Man with a Ruff
1962
Colour linocut on paper
662 × 442 mm
Gift of art dealer Daniel-Henry
Kahnweiler, 1968
Inv. no. L.68.11

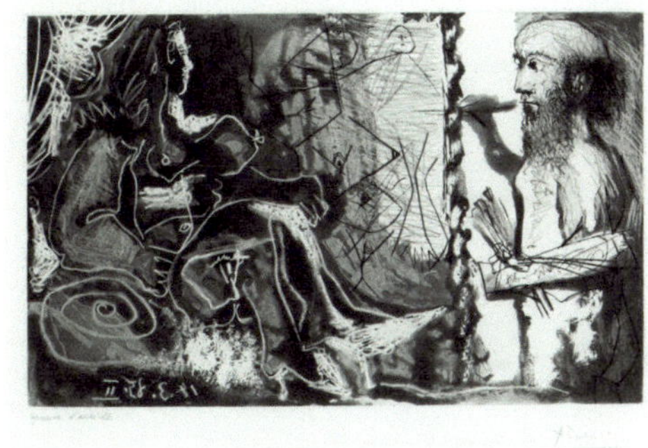

62. kat. sz.
PABLO PICASSO
(1881–1973)
Műteremben
1965
Hidegtű, akvatinta, papír
244 × 380 mm
Daniel-Henry Kahnweiler
műkereskedő ajándéka, 1968
Ltsz. L.68.7

cat. 62
PABLO PICASSO
(1881–1973)
In the Studio
1965
Dry-point and aquatint on paper
244 × 380 mm
Gift of art dealer Daniel-Henry
Kahnweiler, 1968
Inv. no. L.68.7

63. kat. sz.
REIGL JUDIT
(1923–2020)
Vanitas LXXXVI
2018
Ceruza, papír
297 × 420 mm
Ajándék, 2024
Ltsz. K.2024.8.

cat. 63
JUDIT REIGL
(1923–2020)
Vanitas LXXXVI
2018
Pencil on paper
297 × 420 mm
Gift, 2024
Inv. no. K.2024.8.

64. kat. sz.
REIGL JUDIT
(1923–2020)
Lovasok (parafrázis)
2019
Ceruza, papír
420 × 297 mm
Ajándék, 2024
Ltsz. K.2024.9.

cat. 64
JUDIT REIGL
(1923–2020)
Riders (Paraphrase)
2019
Pencil on paper
420 × 297 mm
Gift, 2024
Inv. no. K.2024.9.

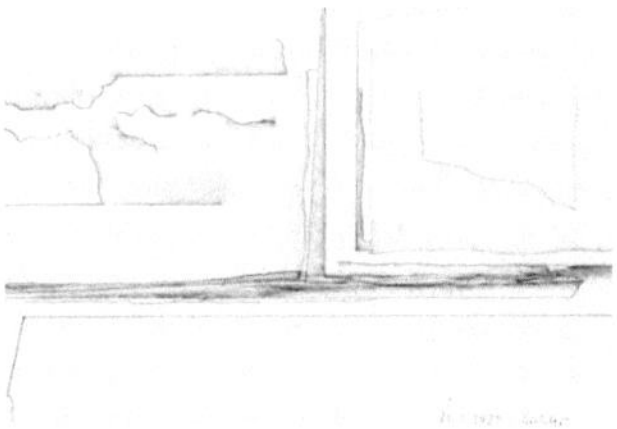

65.1

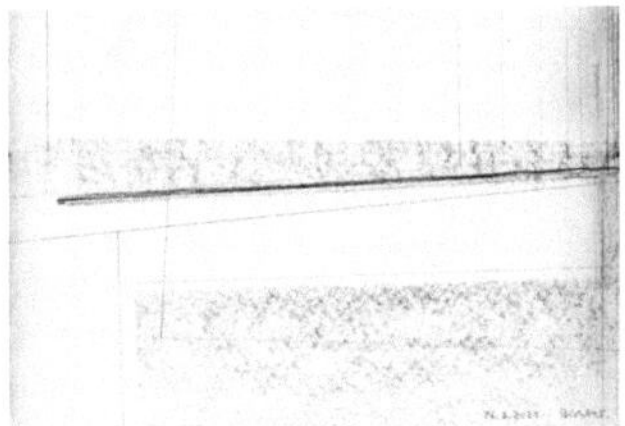

65.2

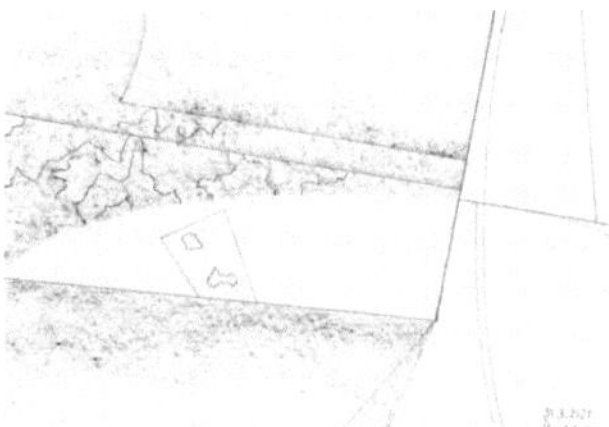

65.3

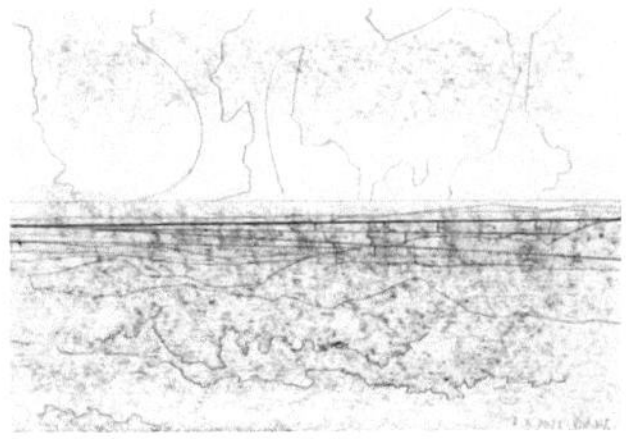

65.4

65 kat. sz.
GERHARD RICHTER
(1932)
23.3.2021; 26.3.2021; 31.3.2021; 2.4.2021
2021
Ceruza, papír
Egyenként 210 × 297 mm
Vétel a művésztől, 2021
Ltsz. K.2022.1–4

cat. 65
GERHARD RICHTER
(1932)
23.3.2021; 26.3.2021; 31.3.2021; 2.4.2021
2021
Pencil on paper
210 × 297 mm (per each)
Purchased from the artist, 2021
Inv. no. K.2022.1–4

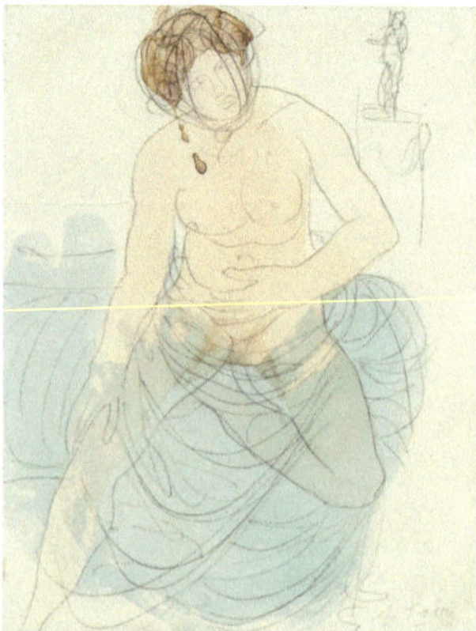

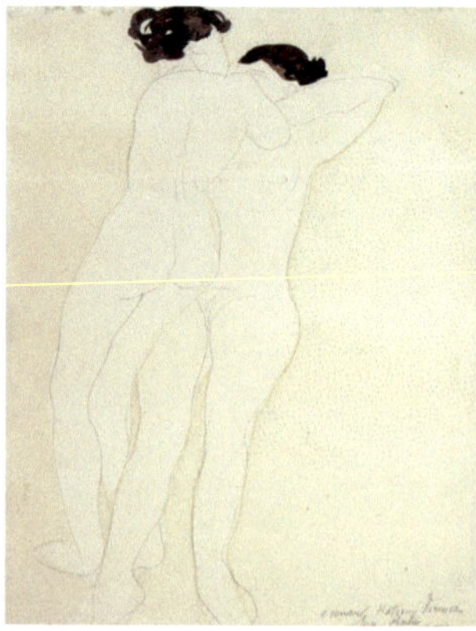

66. kat. sz.
AUGUSTE RODIN
(1840–1917)
Női akt
1900 körül
Ceruza, akvarell, papír
321 × 210 mm
Majovszky Pál ajándéka, 1934
Ltsz. 1935-2777

cat. 66
AUGUSTE RODIN
(1840–1917)
Study of a Nude Woman
ca. 1900
Pencil and watercolour on paper
321 × 210 mm
Gift of Pál Majovszky, 1934
Inv. no. 1935-2777

67. kat. sz.
AUGUSTE RODIN
(1840–1917)
Ölelkező női aktok
1900 körül
Ceruza, fekete tinta,
akvarell, papír
325 × 250 mm
Báró Hatvany Ferenc ajándéka,
1920
Ltsz. 1920-688

cat. 67
AUGUSTE RODIN
(1840–1917)
Embracing Nude Women
ca. 1900
Pencil, black ink, and watercolour
on paper
325 × 250 mm
Gift of Baron Ferenc Hatvany,
1920
Inv. no. 1920-688

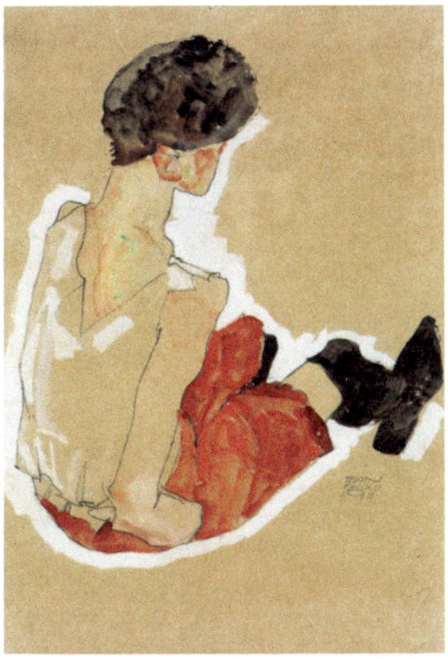

68. kat. sz.
EGON SCHIELE
(1890–1918)
Ülő nő
1911
Ceruza, akvarell, papír
446 × 302 mm
Fenyő Iván ajándéka, 1928
Ltsz. 1928-2089

cat. 68
EGON SCHIELE
(1890–1918)
Seated Woman
1911
Pencil and watercolour on paper
446 × 302 mm
Gift of Iván Fenyő, 1928
Inv. no. 1928-2089

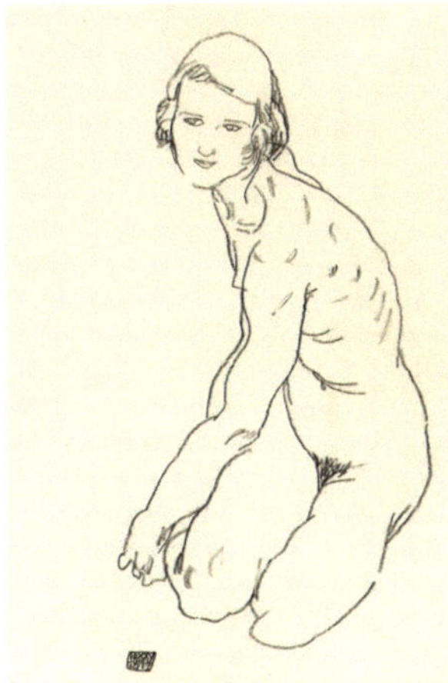

69. kat. sz.
EGON SCHIELE
(1890–1918)
Térdelő női akt
1917
Fekete kréta, papír
448 × 295 mm
Belányi Viktor ajándéka, 1935
Ltsz. 1935-2985

cat. 69
EGON SCHIELE
(1890–1918)
Kneeling Female Nude
1917
Black crayon on paper
448 × 295 mm
Gift of Viktor Belányi, 1935
Inv. no. 1935-2985

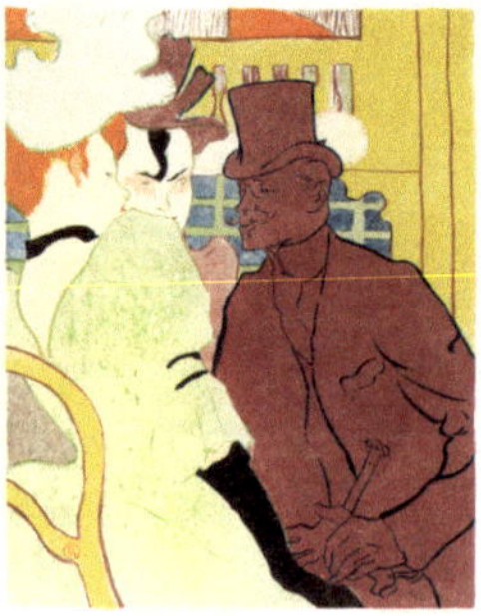

70. kat. sz.
HENRI DE TOULOUSE-LAUTREC
(1864–1901)
Angol úr a Moulin Rouge-ban
1892
Litográfia (hat színben nyomva), papír
624 × 484 mm
Vétel Edmond Sagot műkereskedőtől, 1912
Ltsz. 1912-1013

cat. 70
HENRI DE TOULOUSE-LAUTREC
(1864–1901)
An Englishman at the Moulin Rouge
1892
Lithograph (printed in six colours) on paper
624 × 484 mm
Purchased from art dealer Edmond Sagot, 1912
Inv. no. 1912-1013

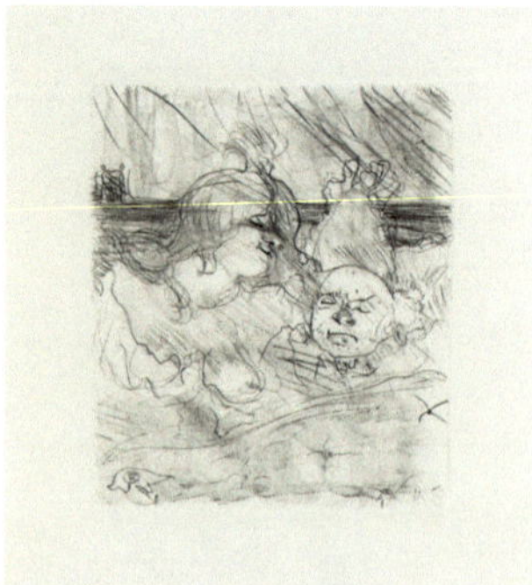

71. kat. sz.
HENRI DE TOULOUSE-LAUTREC
(1864–1901)
Csábítás (Bohóc és bohócnő fellépés után)
1899
Litográfia, papír
560 × 402 mm
Vétel Alfred Strölin műkereskedőtől, 1914
Ltsz. 1914-798

cat. 71
HENRI DE TOULOUSE-LAUTREC
(1864–1901)
Seduction (Clown and Clowness after the Show)
1899
Lithograph on paper
560 × 402 mm
Purchased from art dealer Alfred Strölin, 1914
Inv. no. 1914-798

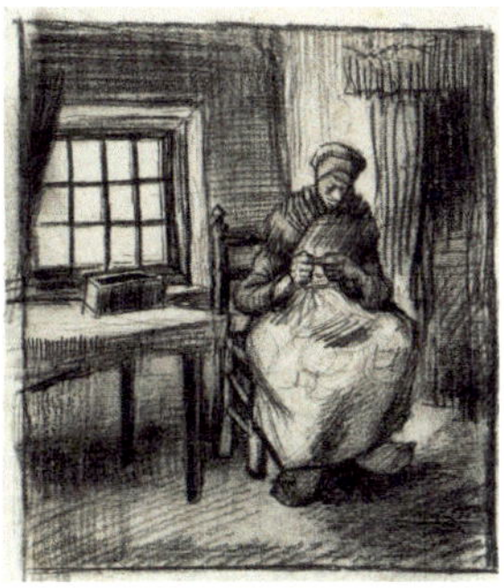

72. kat. sz.
VINCENT VAN GOGH
(1853–1890)
Szobabelső zoknit kötő parasztasszonnyal
1885
Fekete kréta, papír
326 × 264 mm
Majovszky Pál ajándéka, 1934
Ltsz. 1935-2793

cat. 72
VINCENT VAN GOGH
(1853–1890)
Peasant Interior with a Woman Knitting
1885
Black chalk on paper
326 × 264 mm
Gift of Pál Majovszky, 1934
Inv. no. 1935-2793

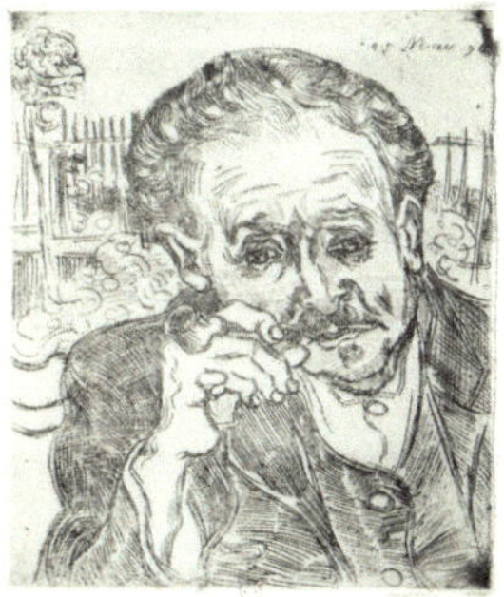

73. kat. sz.
VINCENT VAN GOGH
(1853–1890)
Doktor Gachet portréja
1890
Rézkarc, hidegtű, papír
180 × 147 mm
Vétel J. P. Schneider műkereskedőtől, 1913
Ltsz. 1913-55

cat. 73
VINCENT VAN GOGH
(1853–1890)
Portrait of Doctor Gachet
1890
Etching and dry-point on paper
180 × 147 mm
Purchased from art dealer J. P. Schneider, 1913
Inv. no. 1913-55

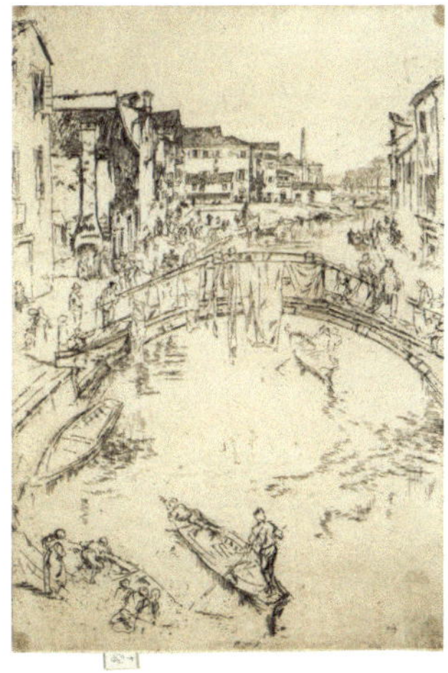

74. kat. sz.
JAMES MCNEILL WHISTLER
(1834–1903)
A Santa Marta-híd Velencében
1879–1880
Rézkarc, papír
293 × 199 mm
Vétel Bäcker Bélától, 1909
Ltsz. 1909-2598

cat. 74
JAMES MCNEILL WHISTLER
(1834–1903)
The Bridge (Santa Marta in Venice)
1879–1880
Etching on paper
293 × 199 mm
Purchased from Béla Bäcker, 1909
Inv. no. 1909-2598

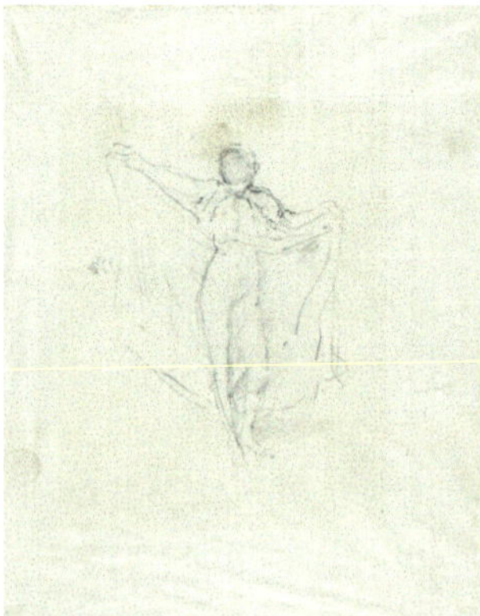

75. kat. sz.
JAMES MCNEILL WHISTLER
(1834–1903)
Nőiakt-tanulmány
1895 körül
Litográfia, papír
329 × 248 mm
Vétel Edmond Sagot
műkereskedőtől, 1902
Ltsz. 1902-517

cat. 75
JAMES MCNEILL WHISTLER
(1834–1903)
A Study of the Nude
ca. 1895
Lithograph on paper
329 × 248 mm
Purchased from art dealer
Edmond Sagot, 1902
Inv. no. 1902-517

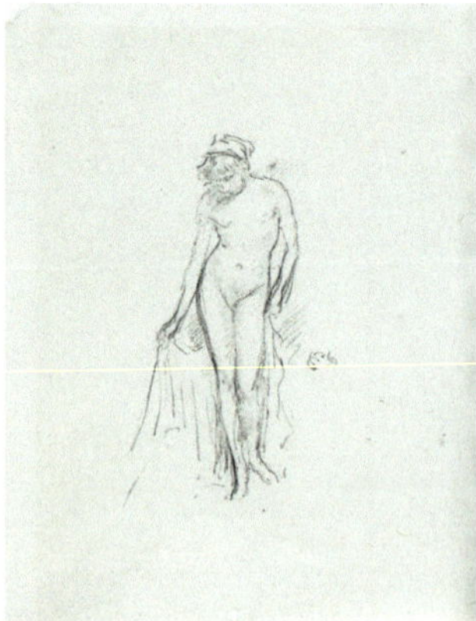

76. kat. sz.
JAMES MCNEILL WHISTLER
(1834–1903)
Meztelen, álló nőalak
1895 körül
Litográfia, papír
329 × 248 mm
Vétel Edmond Sagot
műkereskedőtől, 1902
Ltsz. 1902-518

cat. 76
JAMES MCNEILL WHISTLER
(1834–1903)
Nude Modell Standing
ca. 1895
Lithograph on paper
329 × 248 mm
Purchased from art dealer
Edmond Sagot, 1902
Inv. no. 1902-518

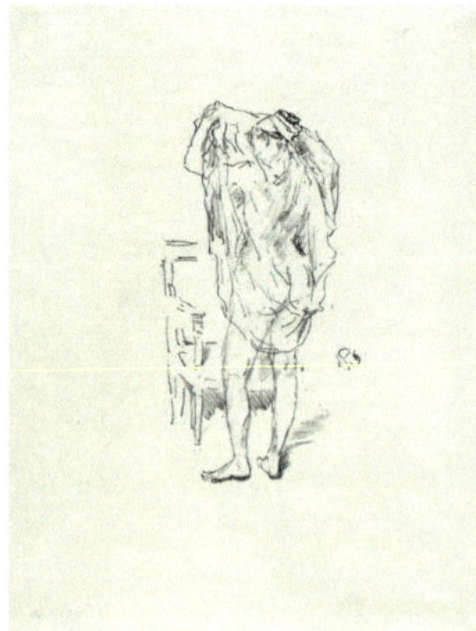

77. kat. sz.
JAMES MCNEILL WHISTLER
(1834–1903)
Tanulmány
1895
Litográfia, papír
180 × 90 mm
Vétel a Colnaghi & Obach
műkereskedéstől, 1913
Ltsz. 1913-1351

cat. 77
JAMES MCNEILL WHISTLER
(1834–1903)
Study
1895
Lithograph on paper
180 × 90 mm
Purchased from Colnaghi & Obach
art dealers, 1913
Inv. no. 1913-1351

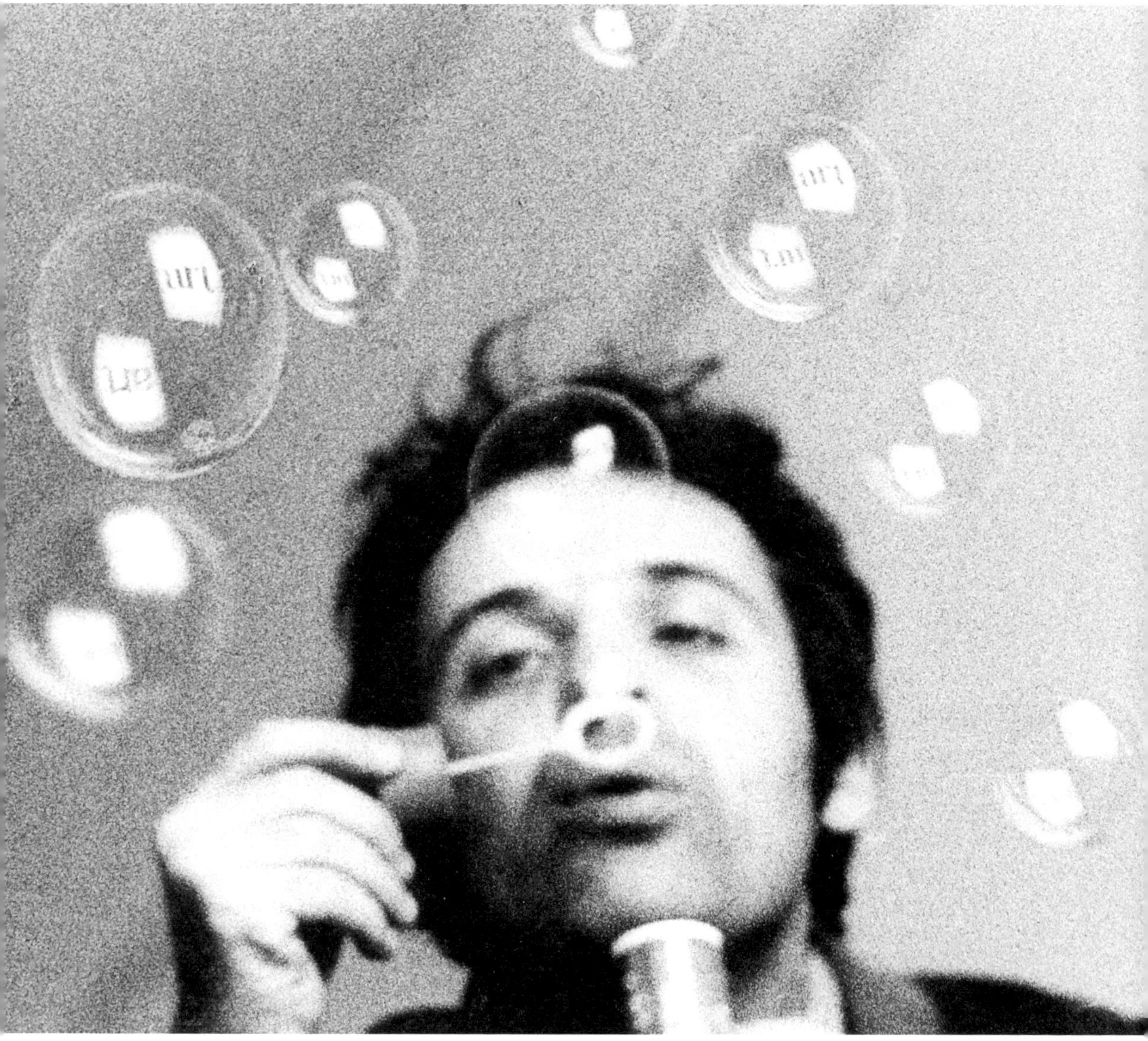

Rövidülő jövő
Modern és kortárs alkotók kései korszakai
Szépművészeti Múzeum, Budapest, 2025. május 8. – szeptember 28.

The Shortening Future
Late-period works by modern and contemporary artists
Museum of Fine Arts, Budapest, 8 May – 28 September 2025

A GRAFIKAI GYŰJTEMÉNY FÜZETEI 5. / PUBLICATIONS ON PRINTS AND DRAWINGS 5

Szerzők / Authors: BÓDI Kinga, BODOR Kata, valamint / further PERNECZKY Géza
Szöveggondozás / Copy editors: BORUS Judit, DEKOVICS Dóra, WEHNER Viola
Fordító / Translator: Lara STRONG
Kiadvány- és sorozatterv / Graphic design: BALDER Eszter
Nyomdai munkálatok / Printed by: EPC Nyomda
Papír / Paper: Munken Lynx
Betűtípus / Font: Founders Grotesk Text Family, Founders Grotesk Mono Family

Felelős kiadó / Publisher: BAÁN László főigazgató / General Director

A kiállítás előkészületeihez és Perneczky Gézával való kapcsolattartáshoz nyújtott segítségét ezúton is köszönjük Aknai Katalin művészettörténésznek. / Special thanks to art historian Katalin Aknai for her assistance in the exhibition preparations and in contacting Géza Perneczky.

A kiadvány megjelenését a Szépművészeti Múzeum Baráti Kör támogatta. / The publication was supported by the Friends of the Museum.

BARÁTI KÖR

HU ISBN 978-615-6595-94-2
HU ISSN 2939-872X

SZÉPMŰVÉSZETI MÚZEUM

KIÁLLÍTÁS / EXHIBITION

A kiállítást rendezte és a kiállítótéri szövegeket írta / Curators and exhibition texts by: BÓDI Kinga, BODOR Kata
A kurátorok munkatársa / Assistant to the curators: TARCSI Ádám
Kiállításszervezés / Exhibition manager: SEBESTYÉN-SZVOBODA Krisztina
Kiállításgrafika / Exhibition graphic design: MEZEI Szabolcs
Fordítás / Translation: Lara STRONG, SZABÓ Marcell
Szöveggondozás / Copy editors: BORUS Judit
Videóinterjú (operatőr, vágó) / Video interview (cameraman, editor): KÁLMÁN Mátyás
Restaurátorok / Conservators: FEHÉRVÁRY László, KISS Botond András, MÓZER Erzsébet, PANKASZI István, valamint / further RÉTFALVI Orsolya
Installálás / Art handling: A Műtárgytechnikusi Osztály munkatársai / Installation technicians of the museum
Gazdasági feladatok / Financial tasks: CSER Enikő, ÓNODI Judit
Világítás / Lighting: NAGYPÁL Sándor, NIEDERKIRCHNER Norbert, SÁNDOR Attila
Kommunikációs arculatterv / Communication design: MEZEI Szabolcs
Kommunikáció és marketing / Communication and marketing: A Kommunikációs és Marketing Osztály munkatársai / Staff members of the Communication and Marketing Department
Múzeumpedagógia / Museum education: A Múzeumpedagógiai Osztály munkatársai / Staff members of the Education Department
Baráti Kör-koordináció / Friends of the Museum coordination: RÉBÉK-SCHAY Krisztina, SZTUPKAI Marcell

A Szépművészeti Múzeum Grafikai Kiállítóterének és időszaki kiállításainak főtámogatója / Main sponsor of the Exhibition Hall of Prints and Drawings of the Museum of Fine Arts, Budapest, and its temporary exhibitions:

otpbank

Az intézmény fenntartója / Maintainer of the institution:

Kulturális és Innovációs Minisztérium